TERCERA EDICIÓN—Revisada y Actualizada

Más de 350,000 vendidos en 20 idiomas

Diez Cosas

Que Todo Niño Con Autismo Desearía Que Supieras

NON-FICTION
Instructional & Insightful
Chanticleer Int'l Book Awards
GRAND PRIZE

ELLEN NOTBOHM

Diez cosas que todo niño con autismo desearía que supieras

Todos los derechos de comercialización y publicación garantizados y reservados por:

FUTURE HORIZONS

(817) 277-0727

(817) 277-2270 (fax)

Email: info@fhautism.com

www.fhautism.com

Traducido por Andrea Gomez

ISBN: 9781949177091

Elogios para
Diez cosas que todo niño con autismo desearía que supieras

"Esta tercera edición es sorprendente y es de lectura obligatoria. Ellen ha absorbido tanto conocimiento acerca del mundo del autismo y del mundo autístico y lo ha convertido en su trabajo de una forma tan sorprendente, que estoy anonadada. Compra este libro, léelo, compártelo, ¡y luego vuelve a leerlo!"

— Jennifer McIlwee Myers, autora de *Growing Up with Sensory Issues: Insider Tips from a Woman with Autism* y *How to Teach Life Skills to Kids with Autism or Asperger's*

"Esta tercera edición de *Diez cosas que todo niño con autismo desearía que supieras* es, sin duda, ¡la mejor hasta ahora! Como consultor internacional en TEA, trabajando con individuos, escuelas y padres, he usado este recurso como herramienta clave en la mayoría de mi entrenamiento, en especial con el personal que es nuevo en el campo de la Educación especial o que trabaja con individuos con TEA. Me alegró mucho ver el nuevo capítulo: 'Tu poder de elección.' Tal como narra Ellen: 'Rara es la ocasión en la que realmente no tengamos elección' y es una gran verdad. Faculta a la persona a tener control en un mundo donde, muchas veces, parece imposible tenerlo. Es obligatorio tener este libro en tu colección de recursos para el autismo."

— Jim Ball, EdD, BCBAD, presidente/CEO JB Autism Consulting

"No creía que Ellen Notbohm pudiera mejorar su versión original del excelente libro *Diez cosas que todo niño con autismo desearía que supieras*, pero ha hecho justamente eso. Como padre, así como trabajador con gente autista, y ávido lector sobre el tema, te digo: debes tener este libro en tu estantería. Si conoces a alguien que esté en el espectro, este libro te ayudará a comprenderlo mejor. Hay padres que lo hicieron durante los primeros años de vida del niño con una esperanza y optimismo intacto porque tenían el original de *Diez cosas*, ahora necesitan esta nueva versión. Notbohm te llevará desde la guardería a la escuela primaria, la secundaria y más allá, informando e inspirando a padres a preparar a sus hijos para la vida adulta. Las preguntas a discutir y sobre las cuales reflexionar son perfectas para grupos de ayuda para padres, entrenamiento de profesores o clubs de lectura. El optimismo abunda."

— Wendela Whitcomb Marsh, MA, BCBA, RSD, autora de
The ABCs of Autism in the Classroom

"La nueva versión de *Diez cosas que todo niño con autismo desearía que supieras* está mejor que nunca. Es una lectura esencial para la gente que es importante en la vida de tu hijo, bien sea profesores, terapeutas, miembros de la familia, vecinos e incluso el conductor del autobús, para ayudarlos a entender los complejos y a veces desconcertantes desafíos emocionales, de comportamiento, sensoriales y emocionales de estos seres maravillosos. Escrito por la madre de dos hijos en el espectro, este libro es la poderosa voz de niños, adolescentes y adultos que no pueden hablar fácilmente por sí mismos, lo cual proporciona una 'visión interior' de las distintas realidades de vivir con autismo. El nuevo capítulo: 'Tu poder de elección' ayuda de forma compasiva a los lectores a reconocer que, aunque puedan sentirse abrumados, atemorizados y a veces paralizados, nunca están sin poder, y también proporciona los potentes pasos claves que pueden dar para ayudar a sus seres amados a prosperar y vivir una vida con sentido y productiva."

— Lindsey Biel, terapeuta ocupacional y coautora de *Raising a Sensory Smart Child: The Definitive Book for Helping Your Child with Sensory Processing Issues* y autora de *Sensory Processing Strategies*

"Todo niño con autismo merece tener adultos en su vida que lean este libro. Los padres encontrarán un aliado compasivo y astuto que ha vivido este camino con su hijo, actualmente un adulto. Todos los lectores tendrán más claro y mejorarán su entendimiento de lo que realmente significa ayudar a un niño a tener su lugar en el mundo, a conseguir un estado de confianza y a lograr su única promesa. Compacto, bien organizado y comprensible, *Diez cosas que todo niño con autismo desearía que supieras*, contiene una gran cantidad de información detallada, sugerencias útiles y estrategias concretas. Realista, práctico y animador, te ayudará a tomar las mejores elecciones tanto para ti como para tu hijo. Está en mi "lista corta" de libros altamente recomendados sobre el autismo, y elogio a *Diez cosas que todo niño con autismo desearía que supieras*. Te insto a inundarte de su sabiduría y luego compartirla con otros."

— Debra Moore, PhD, Psicóloga (jubilada) y coautora con Temple Grandin de *The Loving Push: How Parents and Professionals Can Help Spectrum Kids Become Successful Adults*

"Ellen Notbohm nos vuelve a recordar que deberíamos aprender más que enseñar, y que deberíamos escuchar más que hablar. *Diez cosas* hace énfasis en estos puntos y ofrece a los lectores una visión importante e información inestimable. Si tienes una primera o segunda edición, querrás comprar un nuevo ejemplar, ya que este libro no se trata de una visión compasiva del autismo y centrada en algo personal, también es un reflejo de este campo tan cambiante y de un entendimiento evolutivo del apoyo, la ayuda y el poder."

— Paula Kluth, PhD, autora de *You're Going to Love This Kid* y *Pedro's Whale*

"Gran libro para los padres de un niño recién diagnosticado. Ayudará a los papás que están atemorizados con el diagnóstico a empezar a crear un resultado positivo para su hijo."

— Temple Grandin, PhD, autora de *The Way I See It* y *Thinking in Pictures*

"Esta tercera edición explica nuestros conocimientos evolutivos del autismo, los cuales son valiosos para padres, profesionales y para aquellas personas que tienen autismo. Por favor, cumple el deseo del niño autista que conozcas y absorbe la sabiduría y claridad mental de un libro que recomiendo encarecidamente."

— Tony Attwood, PhD, autor de *Ask Dr. Tony: Answers from the World's Leading Authority on Asperger's Syndrome/ High Functioning Autism*

"Es maravilloso que el clásico de Ellen Notbohm, *Diez cosas que todo niño con autismo desearía que supieras*, ¡esté aquí para una nueva generación! Si le han diagnosticado autismo a tu hijo, o si crees que pueda tener autismo, este es el primer libro que deberías leer."

— Bobbi Sheahan, autora de *What I Wish I'd Known about Raising a Child with Autism*

"Cuando a mi hijo le diagnosticaron autismo, me sentí anonadada, desconsolada y confundida. Al cabo de un día o dos, tomé el libro *Diez cosas* y fue como un soplo de aire fresco. En ese momento, no necesitaba montones de textos médicos ni estudios, necesitaba lo que este libro me dio: comprensión, compasión y esperanza."

— Karen Topper

"*Diez cosas* es el libro más útil y de más ayuda después de que le diagnosticaran con autismo a mi hijo a la edad de ocho años. Desde entonces, lo he recomendado a muchos padres que empiezan su camino y, como yo, se han enamorado completamente con él."

— Maura Campbell, editora en jefe, *Spectrum Women* magazine

También de Ellen Notbohm

No ficción

1001 Great Ideas for Teaching and Raising Children with Autism or Asperger's, coautora con Veronica Zysk

Ten Things Your Student with Autism Wishes You Knew, con Veronica Zysk

The Autism Trail Guide: Postcards from the Road Less Traveled

Ficción

The River by Starlight

Para Connor y Bryce

porque están haciendo un trabajo muy admirable educándome.

Contenido

Prefacio

Cuando *La voz de los Niños* publicó en 2004 mi artículo *Diez cosas que todo niño con autismo desearía que supieras*, no podía haber anticipado la respuesta. Un lector tras otro me escribió para decirme que la obra debía ser leía por todos los trabajadores sociales, profesores, terapeutas y familiares de niños con autismo.

"Es justo lo que mi hija diría si pudiera", dijo una madre. "Proclama sabiduría en cada palabra y frase", decía otra. El artículo viajó de sitio web en sitio web alrededor del mundo, entrecruzándose en cada continente (excepto en la Antártida). El enorme interés y la diversidad de grupos que lo consideraron relevante, me hizo sentir muy humilde. Incluía cientos de grupos de autismo y Asperger, pero también grupos de ayuda para el dolor crónico, obesidad, perros de asistencia, trastornos del oído interno, educadores en el hogar, educadores de colegios religiosos, círculos de labores de punto, minoristas de alimentos, etc. "Tengo la fuerte impresión de que tu mensaje llega a muchas personas con necesidades especiales", escribió un trabajador social del Medio Oeste americano.

"Diez cosas" pronto tuvo vida propia, pero ¿por qué resonaba tan fuerte? Concluí que provenía del hecho de que la obra hablaba desde la boca de un niño, una voz que hacía mucho tiempo no se hacía escuchar por encima del rugido del autismo. El diálogo, a menudo tumultuoso, era, y todavía es, productivo y bienvenido. Pero ¿qué podría ser más irónico que el hecho de que los sujetos de la discusión

a menudo sean puestos como ejemplo de la falta de habilidad para expresarse y defenderse por sí mismos? Había visto varios artículos que tenían puntos de vista parecidos: diez cosas que los profesores quieren que los padres sepan, lo que las madres desearían que los profesores de sus hijos supieran, o lo que los padres de niños autistas necesitan saber. Cuando mi editora, Verónica Zysk, me regaló un ejemplar, de adulto a adulto, le pregunté: ¿quién habla por el niño?

"Escribe ese libro", me urgió Verónica.

Mi hijo Bryce había sido diagnosticado formalmente a la edad de cuatro años. Me sentí afortunada de que su voz fuera escuchada, gracias a un equipo de trabajo comprometido entre los miembros de su familia, el personal de la escuela y los trabajadores de recursos comunitarios. Deseaba fervientemente que su nivel de éxito fuera la norma, no la excepción. El artículo original y, posteriormente, la edición original de este libro, surgió de allí.

Las actitudes individuales y colectivas acerca del autismo se forman bajo la influencia del lenguaje que escogemos para definirlo. Las observaciones y opiniones incendiarias y provocativas, sean intencionales o no, llaman nuestra atención. Podemos responder a ellas, desesperarnos por ellas o elegir ignorarlas. Pero lo que más impide el desarrollo de una perspectiva saludable acerca del autismo infantil es la avalancha de sutilezas y matices del idioma. Durante todo el libro, se te pedirá que observes cómo el lenguaje del autismo le da forma a tu perspectiva. Te ayudará a ver el autismo desde ángulos que quizá todavía no hayas considerado y también habrá algunas cosas que no verás.

En este libro no verás la palabra "autismo" con letras mayúsculas, excepto si es al principio de una frase o como parte de un nombre o título. No ponemos mayúsculas al cáncer de mama, la diabetes, el glaucoma, la anorexia, la depresión u otros trastornos que no incluyen el nombre de alguien, como Asperger. Poner mayúsculas a "autismo" hace una declaración visual que le asigna una autoridad y poder que no se merece.

No verás que para describir un niño con autismo se usen estas palabras: sufrir, obsesionarse, perfecto, difícil, berrinche, peculiar, u otras palabras que perpetúen estereotipos despectivos y establezcan expectativas irreales, infundadas o altamente inalcanzables.

Y, para finalizar, la palabra "normal" nunca aparece en este libro fuera de comillas. Los primeros días después de que a nuestro hijo le diagnosticaran autismo, estuvieron seguidos de preguntas de otra clase como: "¿Crees que algún día aprenderá a ser normal?" Al principio estas preguntas me dejaban estupefacta y, más tarde, presuntuosas de una forma que casi sentía lástima por la persona que preguntaba. A la pregunta: "Cuando llegue el momento que pase tal cosa" o "no, nunca logrará adaptarse", aprendí a contestar con una sonrisa y un guiño. Entonces, como ahora, cité al compositor canadiense Bruce Cockburn, que dijo: "El problema con lo normal es que siempre se vuelve peor."

"Una palabra acerca de lo normal" es mi capítulo favorito del libro que Verónica y yo escribimos juntas más adelante, *1001 Great Ideas for Teaching and Raising Children with Autism or Asperger's*. En él, un terapeuta del habla de una escuela secundaria contestó a la preocupación de una madre acerca de que su hijo no hubiera hecho muchos amigos y que quizá no "haga todas las cosas normales que hacíamos de adolescentes." El terapeuta del habla le dijo a la madre:

"Cuando tu hijo vino a verme el año pasado, sus habilidades de pensamiento social eran casi inexistentes. No entendía por qué debía decir hola a la gente en el pasillo, no sabía cómo formular una pregunta para seguir con una conversación, o cómo relacionarse con un compañero durante la hora de comer. Ahora está trabajando en esas cosas. Ese es un progreso enorme."

"Pero sólo ha hecho dos amigos."

"Yo lo reformularía así: ¡Ha hecho dos amigos! Uno comparte su interés por las maquetas de trenes y otro en correr. Sin embargo, él sabe cómo te sientes, así que, voy a compartir contigo lo que me dijo el otro día. Él me dijo: "No quiero muchos amigos. No puedo manejar muchos amigos. Más de uno a la vez me estresa. Puedo hablar con estos dos amigos acerca de cosas que me interesan. Para mí son fantásticos."

"Anda por esta u otra escuela", continúa el terapeuta del habla, "verás una amplia gama de comportamiento "normal" en una escuela secundaria. Verás más de un empollón normal, deportistas normales, músicos normales, artísticos normales, tecnológicos normales. Los chicos tienden a congregarse en grupos que les hagan sentirse seguros. Por ahora, tu hijo ha encontrado su grupo. Tú y yo caminamos por una línea muy fina: honrando sus elecciones mientras continuamos enseñándole las habilidades que necesita para sentirse cómodo expandiendo sus fronteras.

Tu hijo tiene muchas personalidades sociales, para abarcarlas todas y, por ende, a él como un niño completo, hay que redefinir nuestra visión de lo "normal", una persona a la vez."

Las diez cosas que se presentan en este libro que caracterizan a mi hijo no van, y posiblemente no podrán, aplicarse a todos los niños con autismo. Más bien, en cada niño verás alguna de las características y necesidades en el espectro del autismo en grados que varían de uno a otro, de un momento a otro, de un día para otro y de año en año en un niño individual. A veces se solapan, o se manifiestan de forma distinta cuando el contexto o la configuración cambia, social o físicamente. Así que, puede que en este libro observes que a veces hago un apunte en particular en más de una forma. No se trata de repeticiones o redundancia descuidada, es un reconocimiento deliberado de que a menudo necesitamos oír algo más de una vez o acercarnos en más de una forma para entenderlo completamente y procesarlo. Debemos reconocer esto en nosotros para ser capaces de hacer lo mismo para nuestros hijos, ya que esto es un componente esencial para poder enseñar a niños autistas de una forma que tenga sentido para ellos. Es el umbral a un mundo de opciones, para ti y para tu hijo, mucho más expansivo de lo que pudieras haber imaginado en un principio.

Con educación, terapia, crecimiento y desarrollo, el tuyo incluido, las limitaciones impuestas por algunas de estas características pueden disminuir, y algunas de las llamadas limitaciones pueden ser vueltas a canalizar de tal forma que llegues a verlas como fortalezas. Cuando llegues al final

> **Ser padre de un niño autista hoy en día requiere tener el coraje para pensar de forma expansiva y soñar en consonancia.**

de este libro y en los días siguientes, puede que te encuentres en un lugar nuevo y más interesante en el espectro autista de tu hijo, diferente en el que estabas cuando empezaste. Eso espero.

Así que, ¿por qué hacer una tercera edición de *Diez cosas que todo niño con autismo desearía que supieras* cuando millones de personas han leído la primera y segunda edición y el atractivo del libro continúa siendo muy fuerte? ¿Por qué arreglar algo que no está roto? En su libro y película *La aventura del universo (Journey of the Universe)*, el filósofo evolutivo Brian Thomas Swimme describe la galaxia de la Vía Láctea "no como una cosa, sino como una actividad en curso." Así es el espectro del autismo, una esfera de personalidad siempre cambiante dentro de un universo más grande. Viajamos en un continuo, a veces a toda velocidad, a veces estancados, pero cada partícula, niño, padre, profesor, hermano, abuelo, amigo, extraño, tiene su propio lugar en el (a veces esquivo) orden de las cosas. Este punto en el espectro cambia con el tiempo.

La experiencia y la madurez cambian nuestra perspectiva. Los años que pasaron entre la primera y la segunda edición de *Diez cosas* abarcaban los años posteriores a la escuela superior de mi hijo y la transición a la edad adulta, incluido el aprender a conducir, ser votante, entrar en el mundo, a menudo irracional, del flirteo, ir a la universidad y entrar en el mundo laboral. ¿Cómo no podría haber cambiado mi posición en el espectro? Esos años también vieron un continuo aumento global de trastornos del espectro autista que desconcertó y alarmó a todos con un pulso (a todos excepto a los cínicos del nivel de culto). Mi lugar en el espectro cambió en función de mis propias experiencias, pero también como respuesta a las experiencias de otros que llegaron a mi vida gracias a *Diez cosas*.

El autismo es tan complejo como siempre lo ha sido, y el gran número de niños autistas entre nosotros que, salvo por una catástrofe, se convertirán en adultos autistas que querrán tener su lugar correcto y con sentido en la comunidad, pedirán atención incluso de aquellos que preferirían desviar su conciencia y los fondos públicos. Nosotros defendemos e intercedemos por nuestros hijos con más ojos puestos en nosotros de lo que lo hacíamos hace sólo una década. Como alternativa, nos hemos convertido no sólo en defensores, sino también en emisarios. Ser padre de un niño autista hoy en día requiere no sólo resistencia, curiosidad, creatividad, paciencia, resistencia y diplomacia, sino el coraje de pensar de forma expansiva y soñar en consonancia.

Desde la segunda edición de *Diez cosas*, los años también se han convertido en una explosión en los medios de comunicación que es imposible de ignorar. La cantidad de información y opinión que reciben los padres de niños autistas es un tsunami inacabable de quizás esto, quizá lo otro, en constante cambio. Siempre han existido charlatanes, vendedores ambulantes e histéricos entre nosotros, pero hoy en día es mucho más difícil filtrar la información útil de la inútil, las verdades de las medias verdades y de las mentiras. Con todo, continuamos teniendo sólo las mismas veinticuatro horas de un día que siempre hemos tenido. Con más urgencia que nunca, los padres quieren y necesitan información precisa y fácil de digerir, en especial al principio de su viaje por el autismo. Mi respuesta ha sido actualizar y coordinar *Diez cosas*, volver a centrarme en lo básico y esencial, poniendo un nuevo y potente énfasis en perfeccionar uno de los poderes más importantes que tienes: el poder de elegir y cómo usarlo para tomar las mejores decisiones para tu hijo del abanico de elecciones posibles que se extienden desde "no hay opción" a "una abrumadora cantidad opciones."

Esta es una tercera edición de *Diez cosas* fiel a su personalidad, pero que habla a nuestros tiempos cambiantes. Este núcleo es la naturaleza sin tiempo, sin límites, transcultural de estas diez cosas.

A lo largo de todo el libro, he descrito cómo mi perspectiva ha cambiado desde las primeras ediciones del mismo. No se trata de reflexiones del tipo "en mis tiempos" y alimentar la nostalgia, o el empleo de matices sutiles con la intención de que seas consciente de lo fácil que es hoy en día para ti, comparado con los padres de hace décadas. Más allá de mi simple opinión personal, este cambio de perspectiva ilustra de forma muy real cuánto cambian las cosas con el tiempo, cuán influenciados estamos para bien o para mal, cuándo la tecnología, la educación y la medicina avanzan, se detienen o fallan y cómo nuestro viaje evolutivo a través del espectro y del universo moldean tu ser interior y la visión del mundo. Creo que mis cambios de actitud no son especialmente relevantes ... dado a todo lo que he experimentado y todo lo que hemos aprendido acerca del autismo durante los últimos quince años, pero de vez en cuando alguien dirá que soy "indecisa."

No dejes que nadie te incite a adoptar una actitud distinta basada en que las nuevas experiencias y la información es "indecisa." Al contrario, la falta de capacidad o no pensar de forma flexible y esperar lo mismo de los demás, es la clase de rigidez que hiere a nuestros hijos y a la sociedad. (Irónicamente, esa rigidez y falta de pensamiento flexible es lo que mucha gente desdeña y les desespera de los niños autistas). Podemos permanecer fieles a nuestros principales valores desde una perspectiva expandida y un crecimiento del alma, alentando a que nuestros hijos hagan lo mismo. Eso se llama adaptarse. Se llama aprender, llegar a ser más sabio, ser más completo en la forma de enfocar el autismo y los retos que representan para nuestros hijos. Recuerda que la idea que a menudo le atribuimos a Darwin, "supervivencia del mejor adaptado", no significa ser el más fuerte, el más listo o el que tiene más suerte, sino los que son capaces de adaptarse al cambio.

¿Quién habla en nombre del niño? Hay que ser muy presuntuoso para pensar que cualquiera de nosotros puede entrar dentro del pensamiento de alguien y hablar por él. Representa un riesgo a la vista de la abrumadora necesidad de comprender el mundo en la forma en la que lo experimenta un niño con autismo. Nos corresponde a nosotros otorgar legitimidad y valor a su forma diferente de pensar, comunicarse y navegar por el mundo. Requiere que demos voz a sus pensamientos y sentimientos, sabiendo que dichas voces puede que no hablen o que no lo hagan de forma verbal. Si no lo hacemos, el legado del autismo de nuestros hijos serán oportunidades sin tocar, dones que nunca descubriremos. Ellos son nuestra llamada a la acción.

Esto empieza ...

Como madre de un niño con autismo, pronto aprendí que algunos días la única cosa predecible era lo impredecible. El único atributo consistente era la incoherencia. Gran parte del autismo nos frustra, a pesar de los avances que se han hecho para conocer la naturaleza de su espectro. Aun así, día a día, y a veces minuto a minuto, todavía nos descubrimos a nosotros mismos desconcertados por los comportamientos a la vez nuevos y repetidos que exhiben nuestros hijos autistas, sin importar lo mucho que intentemos ver el mundo a través de sus ojos.

No hace tanto tiempo, los profesionales creían que el autismo era un "trastorno incurable." La noción de autismo como una condición intratable con la que nadie puede vivir de una forma productiva y con sentido, se ha desmoronado ante el conocimiento y la comprensión que continúa aumentando incluso a medida que vas leyendo este libro. Cada día, individuos autistas nos enseñan que pueden superar, compensar y gestionar, de otro modo, muchos de los aspectos más desafiantes del autismo como parte de sus vidas satisfactorias y dinámicas. Muchos de ellos no sólo no buscan una "cura", sino que rechazan el concepto. En un artículo muy leído del *New York Times* de diciembre de 2004, Jack Thomas, una persona con grado diez del síndrome de Asperger, captó la atención del mundo afirmando: "No tenemos una enfermedad, así pues, no pueden curarnos. Es sólo nuestra forma de ser." Hoy en día, los medios sociales y los principales medios de comunicación resuenan con las convincentes voces de adultos autistas que afirman abrazar la postura de Jack.

Yo estoy con ellos. Cuando las personas sin autismo enmarcan los retos del autismo sólo a través de los ojos de su propia experiencia, involuntariamente, están cerrando la puerta a la clase de pensamiento alternativo que afecta profundamente, y que quizás incluso genera o rompe, el futuro de sus hijos.

La perspectiva lo es todo. Cuando hablo con grupos de padres, les pido que anoten breves descripciones de los comportamientos más desafiantes de sus hijos, y que vuelvan a describirlos de forma positiva. ¿Su hijo es distante, o es capaz de entretenerse y trabajar de forma independiente? ¿Es imprudente o es aventurero y le gusta experimentar nuevas experiencias? ¿Es limpio de forma compulsiva o tiene habilidades de organización sobresalientes? ¿Te molesta con preguntas inacabables, o siente curiosidad acerca de su mundo, así como tenacidad y persistencia? ¿Por qué intentamos estancar al niño que persevera, pero admiramos al que no lo hace? Ambas son formas de la misma acepción que significa que "rehúsa detenerse."

El viaje de mi familia a través del espectro del autismo empezó con un niño de temperamento básicamente dulce, pero que no hablaba y tenía colapsos desconcertantes. Se apartaba de muchas actividades, tapándose los oídos con las manos. Sólo se vestía cuando era socialmente necesario y no parecía experimentar dolor o frío de una manera típica.

La pronta intervención del equipo de una escuela pública permitió identificar el autismo de Bryce cuando tenía tres años. Pasé por los cinco estadios del duelo durante el tiempo que pasó hasta que finalizó la reunión inicial. A mi hijo mayor, Connor, le habían diagnosticado dos años atrás un trastorno de déficit de atención e hiperactividad (TDAH), de modo que, ya conocía algo acerca de terapias, retos sociales, inacabable vigilancia, y el acabar exhausta.

Un miedo visceral me motivó, no podía soportar imaginar el destino de Bryce como adulto si no hacía todo lo que estuviera en mis manos para dotarlo de herramientas para vivir en un mundo en el que yo no estuviera siempre a su alrededor. No podía quitarme de la cabeza palabras como "prisión" y "sin hogar." Ni por un segundo se me ocurrió dejar su futuro en manos de profesionales o la efímera idea de que pudiera superar su autismo. Estos pensamientos me impulsaron a levantarme de la cama cada mañana y me empujaron a emprender las acciones que hacía.

Acompáñame unos años atrás, hacia comienzos de este siglo veintiuno. En la asamblea escolar, unos adorables niños de primer grado se dirigen al micrófono, uno tras otro, para contestar a la siguiente pregunta: ¿qué quieres ser en el nuevo milenio? ¡Una estrella del rugby!, esta es una respuesta muy común. ¡Un cantante pop! ¡Un corredor de carreras de coches! ¡Un dibujante de cómics, veterinario, bombero!

Bryce había considerado la pregunta detenidamente: "Creo que sólo me gustaría ser un adulto."

Todos estallaron en aplausos y el director tomó la palabra de forma deliberada: "El mundo sería un lugar mejor", dijo "si más gente aspirara a lo que Bryce aspira."

Aquí está la esencia de lo que sé que es verdad: el autismo de tu hijo no significa que él, tú y tu familia no puedan llevar una vida plena, feliz y significativa. Pueden estar asustados, pero atrévanse a creer esto siendo conscientes de que todo cuanto lleguemos a conseguir de todo este plan con nuestros hijos depende de las elecciones que hagamos por y con ellos. Un párrafo memorable del libro *Heartburn* de Nora Ephron muestra a la protagonista, Rachel Samstat, cuando afirma que "cuando tu sueño se rompe en un millón de diminutos pedacitos, te deja con una elección. Puedes aferrarte a él, lo cual es insoportable, o puedes apartarte y soñar otro sueño."

Nosotros elegimos.

Si estás leyendo esto como un novato en el mundo del autismo, entonces te digo: el autismo en sí mismo no es malo. El no entenderlo, el no tener a tu alrededor gente que lo entienda, el no conseguir la ayuda que existe para tu hijo, eso sí puede ser muy malo. Estás al principio de un largo viaje. Este libro te pondrá en alerta sobre señales que irás encontrándote en el camino, así que, cuando lo hagas, tendrán una apariencia familiar y serán menos extrañas y aterradoras.

Este libro puede ayudarte a hablar por ti y por tu hijo con aquellos que necesitan escuchar tu mensaje: profesores, padres, hermanos, cuñados, cuidadores, entrenadores, conductores de autobús, padres de amigos, amigos de los hermanos, sacerdotes, vecinos. Puede ayudar a darles a los que están alrededor de nuestros hijos una comprensión básica de los elementos comunes del autismo. Esta comprensión tiene un impacto tremendo en la capacidad de nuestros hijos para avanzar hacia la meta de convertirse en adultos productivos e independientes.

Asumir que un niño que no puede comunicarse no tiene nada que decir es tan patéticamente ridículo como asumir que un adulto sin coche no tiene a donde ir.

El autismo es complejo, pero en este libro mostraré que sus innumerables características recaen en cuatro áreas fundamentales: procesamiento sensorial, comunicación, habilidades de comprensión social e interacción, y problemas de autoestima del niño. Todos son cruciales. He aquí el porqué:

Procesamiento sensorial. Las personas autistas de todas las edades experimentan reacciones sensoriales de hiper o hiposensibilidad a veces constantes y predecibles y otras variables e impredecibles. Lo que esto implica y el efecto que tiene es ineludible. Podemos esperar que un niño no absorba un aprendizaje social o cognitivo, o "no se comporte bien" cuando experimenta su entorno como un bombardeo constante de sensaciones y sorpresas desagradables. Tu cerebro filtra miles de entradas multisensoriales simultáneamente (lo que ves, oyes, hueles, tocas, etc.), el de ellos no. Esto puede provocar una reacción similar al estrés producido por estar veinticuatro horas en carretera, a medida que todas estas señales se atascan en su tronco encefálico. Piensa en cómo te sentirías al estar atrapado entre humos sofocantes e hileras de tráfico atascado sin la capacidad de poder modificar tu situación.

Comunicación. Los retrasos en el desarrollo del lenguaje pueden ser frecuentes en niños con autismo. Sin un medio funcional adecuado de expresión, sus necesidades y deseos permanecen insatisfechos. El resultado inevitable es rabia y frustración, ausencia de aprendizaje y de crecimiento. La capacidad de comunicarse, bien sea mediante el lenguaje hablado, dibujos, signos, o tecnología de apoyo, es la piedra angular, ya que es indiscutible que todos los niños tienen pensamientos que requieren expresar. Asumir que un niño que no puede comunicarse no tiene nada que decir es tan patéticamente ridículo como asumir que un adulto sin coche no tiene a donde ir.

Habilidades de comprensión social e interacción. Esquivas y efímeras, estas habilidades pueden diferir de una cultura a otra, de un lugar a otro, dentro de una cultura y de relación en relación, incluso de hora en hora. La incapacidad de utilizar la atención social y la interpretación para descubrir qué decir o hacer en una situación determinada, puede aislar a un niño hasta un extremo devastador. El niño con autismo que verdaderamente "no lo capta", rema contra una corriente brutal si no le proporcionamos constantes instrucciones concretas que tengan sentido en su cerebro social, y continuas oportunidades para practicar y utilizar estas habilidades en tiempo real.

Problemas de autoestima del niño. Toda persona sobre el planeta es un ser global. Queremos ser aceptados y apreciados por quienes somos como un todo, no como un puñado de rasgos que otros pueden recoger como cerezas. Tu hijo autista necesita una guía hábil para alcanzar un lugar agradable en el resto del mundo. Trabajar hacia este objetivo con energía positiva y optimismo no constituye "arreglar" al niño. Enseñarle a todo niño, "especial" o "normal", las habilidades para tener éxito y ser autosuficiente, no es "arreglarlo" o "curarlo", es ayudarles a aprender y gestionar con éxito lo que necesitan saber y ser capaces de hacer, para vivir de la forma más independiente posible. Es amarlos y dirigirlos por un proceso de aprendizaje continuo, aceptándolos como seres completos, igual que queremos que nos acepten a nosotros mismos.

Los éxitos de Bryce surgen de ese sentimiento de autoestima, de su comodidad con su entorno físico, que ha sido ganado gracias a un gran esfuerzo e, incluso en su vida adulta, de su habilidad en continua expansión para expresarse y defenderse por sí mismo. A medida que estas piezas se colocaban en su lugar durante el transcurso de su infancia y adolescencia, su aprendizaje social y cognitivo continuaba. Cada año que pasaba traía consigo hazañas muy gratificantes: el día que participó para ganar un trofeo en una competencia de natación a nivel de la ciudad, el día que cantó y bailó durante toda la obra

Charlie and the Chocolate Factory en el papel del abuelo Joe, o el día que aprendió a montar en bicicleta de dos ruedas por primera vez. Su júbilo por asistir a su primera acampada de Scouts, y su euforia después de mantener la calma para pedirle a la chica que admiraba desde la guardería que bailara con él en el "*sock hop*" (baile para adolescentes en el que pueden bailar en medias). Correr y correr durante seis años en la escuela secundaria y en la superior en equipos de pista. Ganar su primer salario. Viajar sólo. Obtener su permiso de conducir. Exhibir su diploma universitario en la pared.

Aunque estos cuatro elementos que acabamos de discutir puede que no sean comunes a muchos niños autistas, debemos tener en cuenta que la razón por la que le llamamos espectro es porque no hay dos niños que sean completamente iguales. Cada uno empezará su viaje en un punto distinto de ese espectro, y cada uno se desarrollará a su ritmo y con una perspectiva única y propia, y 100 % legítima. Y, tan importante como esto, cada padre, profesor y cuidador estará en un punto particular de su comprensión del espectro. Como los millones de píxeles que configuran una imagen de televisión, cada persona involucrada es una entidad compleja. Es por ello que no hay una única receta para el éxito, ningún sustituto para la investigación, la autoeducación ni le trabajo preliminar necesario, y hay poco margen para la autocomplacencia. Guiar, educar y apreciar al niño con autismo representará un trabajo en continuo desarrollo.

La idolatrada diva de la ópera, Beverly Sills, madre de dos niños con necesidades especiales, una vez dijo: "No hay atajo a otro lugar al que valga la pena ir." Cierto, pero el camino puede estar impregnado de la alegría del descubrimiento. El libro guía para lograr esto está en tus manos.

Capítulo Uno

Soy un niño completo.

Mi autismo es parte de lo que soy, no todo lo que soy. ¿Tú eres sólo una cosa?, ¿o eres una persona con pensamientos, sensaciones, ideas, gustos y antipatías, talentos o sueños? ¿Eres obeso (con sobrepeso), miope (llevas gafas) o torpe (no coordinas bien)? Estas cosas pueden ser lo primero que veo cuando te conozco, pero tú eres mucho más que eso, ¿cierto?

Soy un niño que está aprendiendo y creciendo. Ni tú ni yo sabemos todavía de lo que puedo ser capaz. Si piensas en mí como una sola cosa, corres el riesgo de establecer expectativas demasiado bajas. Y si noto que tú piensas que "no puedo hacerlo ", ¿por qué intentarlo:

¿Estás familiarizado con el término "autismo"?

Cuando el profesor de educación especial de la infancia de Bryce, me hizo esta pregunta, fue la primera vez que oí esta palabra aplicada a mi hijo. Para mí, así como para muchos padres, fue un momento terrorífico, ya que esa palabra perturbaba mi imagen del futuro de mi hijo y lo empujaba a un terreno inexplorado. El miedo a lo desconocido puede ser una de las pesadillas más profundas de la experiencia humana, pero durante ese primer momento abrumador, el sol de octubre penetraba por las ventanas que tenía detrás y se posó en mi espalda como una mano tranquilizadora. Contra el monolito oscuro de todo lo que yo desconocía del autismo, se me mostró una certeza luminosa que ya conocía: mi hijo era el mismo del que me había enamorado el día que supe que estaba en camino, y yo era la misma madre que él amaba y en quien confiaba. El autismo no podía hacer mella en esto.

No soy una seguidora entusiasta de aplicar la corrección política innecesaria, pero durante esos primeros días, tuve que tomar una decisión acerca de cómo veía a mi hijo y su autismo y cómo iba a proyectar esa visión tanto al mundo como a él. ¿Era un "niño con autismo" o era "autista"? Dado que la percepción social del tiempo se basaba en gran medida en conceptos erróneos, lo vi como una confrontación honesta de cómo las palabras pueden ser precisas y aun así establecer expectativas o nociones preconcebidas que impiden seriamente el progreso de un niño hacia objetivos alcanzables a largo plazo.

Cuando mi familia se topó con el espectro del autismo a mediados de la década del 90, padres y profesionales de la comunidad del autismo comprendieron, al igual que todavía hacemos hoy en día, que cuando usamos el término "autista", a lo que nos referíamos estaba "relacionado con el autismo o a una persona con autismo." Pero entonces, como ahora, aquellos de nosotros que vivimos y amamos al niño con autismo también vivimos con una desconcertante falta de conocimiento y con estereotipos injustos asignados por el mundo en general. La incidencia del autismo en la época en la que diagnosticaron a mi hijo era de 1 entre 750. La descripción del autismo como un trastorno "raro" y "misterioso" (o peor, como una "enfermedad"), era muy frecuente. Tanto si nos gusta como si no, el término "autista" todavía no ha inspirado una reacción general favorable, ni mueve al espectador a ver más allá de la etiqueta para descubrir una persona completa, espléndidamente llena tanto de dones como de meteduras de pata. La reacción más extendida era un: "¡Uh¡, ¡oh!", y una silenciosa retirada de saludo era lo más común. Generalmente, lo primero que se asumía eran las limitaciones. O quizá teníamos lo opuesto, pero era una noción igualmente asfixiante: "¡Uh!, ¡oh! Raro prodigio antisocial con ordenadores/matemáticas/música."

Uno de los cambios de percepción más grandes acerca del autismo vino de una generación de niños diagnosticados que crecieron para convertirse en una población vibrante y vocal, muchos de los cuales se identificaban vehementemente como "autistas." Ellos cambiaron el tono de una palabra que llevaba connotaciones altamente negativas cuando eran niños, y la movieron hacia otra que ya no era un adjetivo acotado, sino uno mediante el cual se definían a ellos mismos. Sus voces eran auténticas y habían cambiado mi manera de pensar acerca del uso de la palabra "autista." Pero es importante saber de dónde venimos, para llegar al lugar en el que estamos ahora.

> **Lo que decidas creer acerca del autismo de un niño puede ser el factor más importante que influya en el resultado final.**

Allí donde se encona una descripción negativa o inexacta del autismo, nosotros cambiamos la percepción de las personas, una cada vez. Y empezamos a preguntarnos: ¿qué expectativas establecen las palabras?

En los primeros días de mi búsqueda de información acerca del autismo que me diera algo a lo que aferrarme, me encontré con un ridículo diccionario *online* que relacionaba el término "autista" con el sinónimo "no apto", y seguía con una lista de 155 "términos relacionados" que generaban carcajadas y que incluían palabras como anestesiado, narcisista, atontado, sin alma, muerto, catatónico, codicioso, emocionalmente cruel, e intocable. Ninguno de estos términos describe a mi hijo y seguramente tampoco al tuyo.

A la larga—pues es un viaje largo—, sin importar cómo lo definas, bien sea niño con autismo, niño autista, Aspie, en el espectro, TEA, lo que decidas creer acerca del autismo de un niño puede ser el factor más importante que influya en el resultado final. De una forma consciente o no, tomas decisiones basándote en tu perspectiva cientos de veces al día. El perder de vista a tu niño reduciéndolo tras cualquier tipo de etiqueta, hace que tu vida y la de él sean más difíciles. Todos los niños pasan por una espiral entre el equilibrio y el desequilibrio a medida que cruzan la línea de tiempo del desarrollo. La mayoría de los niños se enfrentarán a límites, tendrán que hablar en público, elevarán su terquedad hasta proporciones olímpicas, tirarán a Batman al inodoro, no querrán bañarse y llorarán cuando las cosas no salen como ellos quieren. Atribuirlo todo al autismo no sólo es inexacto e injusto, sino que no te permite apreciar los aspectos típicos del desarrollo de tu hijo. Él tiene esperanzas, preferencias, gustos, antipatías, miedos y sueños como cualquier otro niño. Con tiempo y enseñanza, será capaz de hablarte acerca de todo esto, aunque tal vez no lo haga con palabras.

Todo niño merece empezar su vida y su educación con una pizarra limpia de nociones preconcebidas. Incluso cuando se hace sin malicia, las etiquetas rara vez son inofensivas. Considera todas las formas distintas en las que anteponer un adjetivo al niño colorea nuestras expectativas y el potencial real de nuestros hijos.

Demasiado bajo

"Bryce tiene una A en todas mis clases", me dijo un profesor durante nuestra primera conferencia de padres en la escuela secundaria. "Hace todo lo que se le pide, nunca entrega tarde sus tareas, participa de forma entusiasta en clase, y nunca se distrae de su trabajo."

Y continuó: "Bryce ha excedido todo lo que creía saber acerca de cuánto pueden conseguir muchos niños autistas. He tenido niños autistas en mis clases y la creatividad y organización de Bryce están muy por encima de los demás ..."

Su voz fue bajando de tono en mitad de la frase. "Creo que lo entiendo", dijo. "Esta palabra establece una expectativa que probablemente es más baja de lo que el niño es capaz de lograr. ¿Lo entendí bien?."

Sí, él lo había entendido, y cada profesor lo entendió cada vez mejor con cada niño con autismo que vino después de Bryce. El profesor se dio cuenta de que cuando calificaba "niño" con "autismo", ponía en su mente una lista de cosas que el chico no podía hacer. Cada persona que interacciona con el niño pone esa lista en un lugar distinto. Demasiado bajo ("tú no crees que yo puedo hacerlo. ¿Por qué intentarlo?") o demasiado alto ("nunca soy lo suficientemente bueno. ¿Por qué intentarlo?"), ¿deberíamos forzar al niño a viajar una distancia extra para cumplir con lo que podrían ser nuestras propias expectativas mal concebidas? El viaje, ya de por sí, es largo.

Demasiado alto

"Autista hoy, genio mañana."

Cuando esta pegatina apareció delante de mí en la parte trasera de un todoterreno ligero, me recordó que los mensajes que perpetuaban los estereotipos, incluso si son bienintencionados, son peligrosos.

Al reforzar una estereotipada caracterización que la mayoría de los niños autistas nunca conseguirán: "Autista hoy, genio mañana", condena al fracaso a la misma gente a la que intenta apoyar. Un director de una escuela secundaria una vez me dijo cuánto le gustó haber conocido a Bryce, un niño con autismo que no era un genio ni tenía problemas de comportamiento. El hecho que un educador experimentado lo encontrara extraordinario es triste, ¿cierto? Aumentar las exigencias, establecer una expectativa personal o social de que un día nuestro niño autista se levantará como un genio, es más probable que cree padres que funcionen sin un enfoque realista de las fortalezas y debilidades de su propio hijo, y un niño que irá por la vida con sensaciones crónicas de insuficiencia. Imagínalo: los ojos impacientes de la sociedad siguiéndote, con los dedos de todos tamborileando esperando a que el "genio" se manifieste. Tanto si el niño está luchando o está felizmente adaptado a lo que es, la expectativa de una revolucionaria grandeza está ligada a ser una (otra) pesada carga.

La madre de un niño de seis años me dijo que de todas las preguntas que ella se hace acerca del autismo de su hijo, la que más le duele es "¿cuál es su don?" Algunos niños autistas puede que algún día se manifiesten como genios, pero la mayoría no. Algunas personas que no son autistas se revelan como genios, pero la mayoría no. Les debemos a nuestros hijos fe, convicción y apoyo, tanto si van a ser "genios mañana" como si no. Los genios no son una garantía de independencia, productividad o satisfacción en la vida. Conocemos a un joven autista que, de hecho, llegó a convertirse en un genio de las matemáticas. Su madre se preocupaba porque eran una familia de genios de las matemáticas, eran crónicamente genios matemáticos desempleados. Ella fue testigo de que ser genio no se traduce en capacidad para interaccionar de forma eficaz con los demás compañeros de trabajo o con los clientes, ni aceptar ser dirigidos, establecer objetivos o cumplir plazos. Ella habría sido más feliz si su hijo no hubiera sido tan genio, pero hubiera tenido mucho más inteligencia social y habilidades de trabajo comercializables.

Demasiado amplio

He aquí un vistazo de mi vida profesional en relación con esta discusión. Los editores e instructores presionan constantemente a los escritores para que eviten los adjetivos y que utilicen nombres, verbos y frases más fuertes, más activos, más descriptivos. Tales palabras no siempre fluyen de nosotros, los escritores. A menudo es un esfuerzo sacar estos términos más específicos y emotivos, pero siempre hace que la narración sea más contundente. Seas o no un escritor, te conviertes en un narrador el día que nace tu hijo. La forma en que narres la historia de tu hijo en cada etapa de su desarrollo determinará el tipo de gente que se sienta atraída hacia él o ella. Influirá en quien se compromete a desempeñar un papel en él durante una página, un capítulo o más tiempo, y en quién se desconecte de él.

Volviendo la vista atrás a docenas de reuniones del Programa de Educación Individualizada (IEP, por sus siglas en inglés) y conferencias de profesores durante un lapso de más de veinte años, puedo recordar muy pocas veces en las que yo, o los más o menos setenta y cinco profesores de Bryce, discutiéramos su autismo por su nombre. Tengo recuerdos muy vívidos de profundas discusiones y estrategias de cientos de horas y páginas sobre problemas socioemocionales, académicos, de lenguaje y sensoriales, y objetivos y retos. Cada año, definimos, enmarcamos, abordamos y vencimos cada uno en términos de éxito medible, en gran medida sin etiquetas. Con el tiempo y la enseñanza, Bryce aprendió a valerse por sí mismo y a pedir lo que necesitaba, basándose en la comprensión de su propio estilo de procesamiento y aprendizaje. La etiqueta aplicada a ese estilo de procesamiento y enseñanza no era lo más importante. El veía su autismo como una parte significativa de sí mismo que siempre estaría con él, pero también identificaba claramente aspectos de su persona y de su visión del mundo a las que podríamos llamar "típicas" o "normales." Le gustaba verse como El señor Spock de *Star Trek*, y en él coexistían la parte de vulcano de Spock y la parte humana, coloreando la forma en que experimentaba tanto el pensamiento cognitivo como el socioemocional, a veces de forma sorprendente, pero siempre como una persona completa.

El autismo ofrece pocos atajos, pocas respuestas fáciles o descripciones simplistas acerca de cómo presentar a nuestro hijo en el mundo en el que debe vivir. Durante muchos años de campamentos, lecciones de natación, nuevos profesores, entrenadores, vecinos o amigos, nunca empecé una conversación describiendo a mi hijo como autista, sino ofreciendo una corta lista de cómo su autismo podía afectarle en el entorno e incluía una lista de tácticas de comunicación y de adaptación que le dieran una mejor oportunidad de triunfar en cada entorno. Le pedí a la gente que le hablara directamente, de forma cercana y sin jergas o modismos, que mostraran más que hablar, que dirigieran su atención hacia modelos de compañeros adecuados. Estas instrucciones eran simples, pero no simplistas. Estas directrices concretas les daban a las demás personas que estaban en el entorno de la vida de mi hijo las herramientas que hacían posible sus éxitos.

Recientemente, un nuevo artículo llamó mi atención, ilustraba la amplitud del espectro de capacidades dentro del autismo. Una madre que buscaba servicios para su hijo adulto decía: "Es casi un sabio cuando se trata de aprender hechos, pero no puede usarlos." En la escuela superior, el joven tenía una puntuación de un noventa y dos por ciento en matemática pura, pero la resolución de problemas diarios le eran difíciles. Su madre decía que tardó cuatro años en enseñarle a su hijo a que tomara el autobús solo. En mi casa, al otro lado del espectro, Bryce podía luchar para recuperar datos en ciertas categorías tanto como lo hacemos cualquiera de nosotros, y las pruebas estándar eran siempre su adversario. Pero, a la edad de quince años, me costó una hora enseñarle que tomara el autobús solo. Lo mismo sucedía con muchas otras habilidades de la vida diaria que deseaba aprender.

En términos generales, los dos jóvenes podían definirse como autistas. En su contexto menos perjudicial, la palabra hace poco por describir de forma significativa los desafíos únicos y las necesidades con las que cada uno debe enfrentarse. "Mi hijo es autista" no dice nada acerca de él, más que un diagnóstico de un amplio espectro. No me ayuda a entender sus desafíos, sus fortalezas y sus cualidades a la vez entrañables y molestas. ¿Quién le gusta, lo desconcierta o le asusta? ¿Qué le preocupa, lo intriga o lo inspira? Necesitamos saber estas cosas, porque en un contexto más alarmante el pensamiento homogéneo que genera la descripción de un único adjetivo puede impedir que los niños reciban los servicios individualizados que necesitan. Esta es la dicotomía, una línea muy fina: en la mayoría de los casos, se necesita una etiqueta para poder acceder a los servicios. La etiqueta no es inexacta o intrínsecamente mala, pero es decisión tuya usarla como una forma de avanzar, y no como una excusa para que tú o los demás la utilicen como un factor limitante.

También necesitamos ser cuidadosos de usar un único adjetivo descriptivo de forma que abra la puerta a su abuso. Muchos de nosotros alrededor del mundo hemos visto numerosos casos en los que se utiliza "autista" con un propósito general peyorativo para describir a una persona no cooperativa, beligerante, emocio-nalmente distante, o que tiene dificultades de comunicación. Cada vez me resisto más a usar un lenguaje que les robe a nuestros hijos su derecho a ser vistos, tratados y educados como individuos con necesidades y fortalezas específicas. La utilización cultural de los estereotipos del autismo como insultos convenientes, añade otra barrera a la aceptación de nuestros hijos como personas completas por parte de la sociedad, y otra razón más para orientar nuestro lenguaje hacia una representación más específica y edificante de nuestros hijos.

Muchos niños con autismo han crecido y crecerán como adultos que eligen identificarse a sí mismos como autistas, pero otros no se atribuirán esta etiqueta, ni cualquier otra. En todo caso, la elección es sólo de ellos. En el mejor de los casos, lo harán basándose en la infancia con la que empezaron, como todas las infancias deberían, con una hoja en blanco llena de posibilidades. Llegan a la edad adulta después de una escalera móvil de años en los que los adultos alimentaron sus habilidades y virtudes, les proporcionaron educación y guía tanto cognitiva como socioemocional, les enseñaron a valerse por sí mismos de una manera informada y que su autismo podía ser el motivo detrás de alguno de sus desafíos, pero nunca una excusa o un pase gratis.

De modo que, ya sea autista, con autismo, Aspie, con Trastorno del espectro autista (TEA), con Trastorno específico del lenguaje (TEL), o del espectro autista, pasa la palabra o palabras que usas para describir a tu hijo a través de tu detector de la realidad y pregúntate si estas de alguna forma limitan tu visión de lo que el futuro le depara a tu hijo o el valor que él o ella le aportará a nuestro mundo. Si es así, recuerda que nada, *nada*, está predeterminado y que el tiempo que compartan juntos rebosa de infinitas oportunidades.

Capítulo Dos

Mis sentidos no están sincronizados.

Eso significa que los sentidos normales: vista, oído, olfato, gusto y tacto, que tú ni siquiera los notas, pueden ser muy perturbadores para mí. Lo que sucede a mi alrededor a menudo me hace sentir incómodo, incluso atemorizado. Puede parecer que estoy distanciándome o siendo malo contigo, pero todo puede parecerme como si tuviera que defenderme. He aquí la razón por la que tengo problemas gestionando lo que tú crees que es un simple viaje a la frutería:

Mi oído puede ser hiperagudo. Puedo oír docenas de personas parloteando, incluso si están lejos o si no puedo verlos. El auge de los altavoces hoy en día es especial. La música suena en el sistema de sonido. Las máquinas registradoras pitan y emiten diferentes sonidos, el molinillo de café zumba. El cortador de carne chirria, los bebés

13

lloran, los automóviles traquetean, las luces fluorescentes zumban. ¡Mi cerebro no puede filtrar toda esta información y me sobrecargo!

Mi sentido del olfato puede ser muy sensible. El pescado en el mostrador, que parece que tú no notas, apesta; el chico que está esperando junto a nosotros no se ha duchado hoy; la charcutería ofrece muestras de salchichas; el bebé delante de nosotros tiene el pañal lleno de caca; están fregando con amoniaco un tarro de pepinillos roto que hay en el pasillo tres. Siento que voy a vomitar.

¡Y hay tantas cosas que hieren mis ojos! La luz del fluorescente no sólo es demasiado brillante, sino que parpadea. El suelo, las estanterías, las cosas de las estanterías ... todo parece moverse. La luz parpadeante rebota sobre todo y distorsiona lo que veo. Hay demasiados artículos para que pueda concentrarme y partes de mi cerebro se apagan.[1] Hay ventiladores girando en el techo, tantas caras y cuerpos moviéndose a mi alrededor y acercándose tanto a mí que me asustan. Todo ello afecta la forma cómo me siento mientras espero allí. Y luego todo empeora: ni siquiera noto dónde están los bordes de mi cuerpo. Es como si estuviera a la deriva en el espacio.

1. Según la opinión de los adultos, esta respuesta de afrontamiento es lo que podría llamarse "visión de túnel».

La integración sensorial puede ser el aspecto del autismo más difícil de comprender, pero quizá también el más crítico. Nuestros sistemas sensoriales son recopiladores de datos; son los canales de "entrada" que alimentan de información a nuestro cerebro y nos ayudan a reconocer lo que sucede a nuestro alrededor.

El aprendizaje cognitivo y socioemocional no puede abrirse paso en un niño cuyo mundo se vuelve intrusivamente ruidoso, cegadoramente brillante, insoportablemente maloliente y físicamente complicado de recorrer. Su cerebro no puede filtrar las múltiples entradas sensoriales, y a menudo se siente sobrecargado, desorientado e inquieto dentro de su propio cuerpo.

Y además de este huracán de chillidos y cegador de lluvia ácida sensorial, inyectamos la expectativa de que este niño "preste atención", "se comporte", aprenda,

> **Descuida los desafíos sensoriales de un niño y nunca te acercarás a descubrir su capacidad.**

se adapte a reglas sociales que lo desconciertan, y que se comunique con nosotros normalmente según un modo que nosotros elegimos, sin pensar en si tiene algún sentido para él. Descuida los desafíos sensoriales de un niño y nunca te acercarás a descubrir su capacidad. Los problemas sensoriales son cruciales en su capacidad general de desenvolvimiento.

Imagínate a ti misma en una montaña rusa de última generación. (Si no te gustan las montañas rusas, eso hace este ejemplo todavía mejor).

Coney Island y Six Flags son parques de atracciones divertidos, pero ¿cuánto tiempo podrías dedicarte a tu trabajo mientras estás sentado en la Wonder Woman Golden Lasso, la Steel Vengeance, o el Kingda Ka? ¿Podrías dirigir esa reunión, dar esa clase, ser una compañía agradable en una cena, escribir el informe o limpiar la casa mientras soportas el vértigo, los gritos de los demás, la fuerza G del aire, las caídas inesperadas y los cambios bruscos de dirección, la sensación de pelos en la boca y bichos entre tus dientes? Puede ser divertido como una sensación ocasional, pero admitámoslo, deseas bajarte después de un trayecto de tres minutos. Para muchos niños autistas se trata de un trayecto sin puerta de salida, un estado permanente de existencia y la antítesis misma de la diversión.

Es normal que huyamos de conceptos y condiciones cuya comprensión exige arduos esfuerzos, que busquemos soluciones más fáciles. Para los no profesionales, comprender cómo afectan los problemas de procesamiento sensorial a un niño en particular puede ser francamente intimidatorio, un área de gran complejidad que impregna todo lo que hacemos o intentamos hacer. Esta es la razón por la que es el primer aspecto del autismo que debemos abordar.

Hace mucho tiempo que la ciencia ha reconocido que la integración sensorial tiene lugar en el tronco encefálico y que la disfunción del procesamiento sensorial causa lo que equivale a un atasco de tráfico en el cerebro. Puede que ya estés viendo directamente la manifestación de la sobrecarga sensorial y no la reconozcas, llevarse las manos a los oídos es un signo evidente. Menos obvios, pero no menos convincentes son los comportamientos a los que a menudo llamamos estímulos, conductas autoestimulantes como balancearse, masticar, aletear, frotarse, deambular y otras peculiaridades repetitivas. Otros comportamientos igualmente inexplicables como la agresividad, estupidez excesiva, torpeza y una reacción exagerada o demasiado lenta ante las lesiones, pueden tener una causa sensorial subyacente. En el caso de comportamientos más extremos como las crisis nerviosas, el desencadenante puede no ser tan obvio, no obstante, una sobrecarga sensorial debería ser el primer sospechoso al que se debe interrogar y ese interrogatorio puede ser complicado, intrincado y prolongado. Pero una de las pocas verdades universales del autismo es esta: no importa lo poco provocador o aleatorio que parezca, el comportamiento nunca, nunca, surge de la nada. Siempre hay un desencadenante (discutiremos esto en profundidad en el capítulo nueve). Encontrarlo es tu obligación y ten en cuenta que, si tu hijo no habla, tiene un vocabulario limitado o no dispone de medios funcionales alternativos para comunicarse contigo, no podrá decirte qué es lo que le causa tal incomodidad. Incluso tu hijo parlanchín con Asperger, que parece ser tan competente verbalmente, puede no tener el vocabulario o la conciencia de sí mismo lo suficientemente sofisticados como para describir lo que está sucediendo dentro de su complicada neurología.

Desarrollar una comprensión práctica de la integración sensorial puede ser un desafío. En nuestro cuerpo están actuando hasta veintiún sistemas sensoriales. Estás familiarizado con los cinco predominantes: visual (vista), auditivo (sonido), táctil (tacto), olfatorio (olfato) y gustativo (gusto). Hay otros cuatro sentidos que se atribuyen normalmente a los seres humanos:

1. Equilibriocepción: sentido del equilibrio o sentido vestibular.

2. Propiocepción y cinestesia: orientación y movimiento de las extremidades y del cuerpo en el espacio.

3. Nocicepción: es la percepción consciente del dolor. La hay de tres clases: cutánea/superficial, somática/tejido profundo o músculo y visceral/órganos.

4. Interocepción: nos ayuda a regular el estado interno de nuestro cuerpo: cansancio, hambre, necesidad de eliminar, manifestaciones físicas de ansiedad como la frecuencia cardiaca o respiratoria.

Cuando cualquiera de estos sentidos se desajusta, puede causar estragos en la vida de tu hijo.

Una discusión exhaustiva de los sistemas sensoriales va más allá del alcance de este capítulo. Lo que viene a continuación es una breve descripción de siete sentidos primarios y lo que su disfunción puede significar para un niño con autismo. Unos sistemas sensoriales hiperagudos piden calmar los sentidos sobrecargados. Pero los sentidos también pueden ser hipoagudos o poco sensibles.

En estos casos, es necesario activar, no calmar al sentido que no está respondiendo. Un terapeuta ocupacional que conozca bien el autismo puede ser de inestimable ayuda a la hora de evaluar, explicar y abordar los problemas individuales de tu hijo o alumno. Ten en cuenta también que la agudeza puede no ser la misma en todos los sentidos del niño. Algunos pueden ser hiperactivos, otros hipoactivos y algunos pueden variar de día en día e incluso de una hora a otra.

El sentido de la vista

Para muchos niños con autismo el sentido visual es el más dominante. Las buenas y malas noticias son que, aunque dependen más de la información visual para aprender y orientarse en su mundo, puede ser el primer sentido que se sobreestimule. Luces u objetos brillantes, superficies reflectantes, demasiados objetos en el campo de visión u objetos que se muevan a velocidad muy rápida o irregular pueden causar distorsión y caos sensorial. Este sentido es tan dominante para muchos niños autistas que precisa de un capítulo propio más adelante en este libro.

No obstante, cabe señalar que, aunque el sentido visual puede ser el más dominante en muchos niños con autismo, habrá otros para quienes puede ser hipoactivo o desorganizado. Esto puede manifestarse por sí mismo en un niño que se balancea o se mece (intentando cambiar el ángulo de perspectiva visual), es precavido ante los cambios de elevación (escaleras), o se fascina con objetos en movimiento (trenes de juguete, molinos de agua). También pueden jugar un papel las limitaciones físicas. Algunos niños pueden carecer del sentido de profundidad, tener campos de visión limitados (imagina ver a través de un rollo de papel de baño y perderte todo lo que te rodea), o la imagen visual de su mundo puede estar distorsionada y fragmentada como una pintura de Picasso.

El sentido del oído

Nuestro sentido auditivo nos proporciona una tremenda cantidad de información. Recogemos e interpretamos instantáneamente las cualidades que componen el sonido, como el volumen, el tono, la frecuencia, la vibración y la dirección del mismo. Giramos la cabeza para escuchar voces, pasos y tráfico. Cuando la audición está bien calibrada, la agudizamos y prestamos atención a susurros para saber lo que se está diciendo, y sólo los sonidos más fuertes harán que retrocedamos, nos tapemos los oídos o busquemos otra forma de protegernos.

Para muchos individuos autistas, el sentido del oído es el que normalmente está más afectado. Los sonidos hiperagudos pueden causar un dolor tremendo. Los sonidos que se generan en un día normal son demasiado elevados, agudos, repentinos, o invasivos. Un niño autista puede oír cosas que tu oído no detecta, lo cual convierte un mundo ya de por sí abrumador en una disonancia ensordecedora. Es probable que carezca de la capacidad de suprimir o filtrar el sonido, distinguir tu voz por encima del ruido de una secadora o de la televisión, o la voz del profesor por encima de los murmullos y movimientos de los demás compañeros de clase. Entornos que parecen ordenados para un observador casual, pueden ser un confuso campo minado para un niño con hipersensibilidad auditiva.

Señales evidentes de ruido excesivo como música a todo volumen, un gimnasio de baloncesto, la cacofonía de una cafetería, del patio de recreo o la sirena de un vehículo de emergencias, son ejemplos de la conmoción cotidiana que pueden causar un dolor físico. Sonidos súbitos demasiado altos como simulacros de incendio o los petardos de los autos, pueden desencadenar un nivel de pánico del cual tu hijo puede tardar horas en recuperarse. Hay casos extremos en los que el niño es capaz de oír los latidos cardíacos de otras personas presentes en la misma habitación. En cuanto a disfrutar del fuerte oleaje de una playa, olvídalo, piensa en ello como un dolor de cabeza.

Menos aparente, pero igual de invasivo o intolerable, son los ruidos normales aparentemente no amenazadores. No se esconde en su habitación porque no le gusta su familia, está huyendo de la disonancia del lavaplatos, la cafetera, la lavadora, la secadora, el soplador de hojas y la televisión, todos encendidos a la vez. Es como si él mismo estuviera justo en el centro de un círculo giratorio. En clase, sus compañeros escuchan mientras el profesor habla, pero el niño con autismo no puede identificar la voz del profesor como el sonido principal al que deba prestar atención. Para él, es indistinguible del ruido del sacapuntas, el zumbido de una mosca en el alféizar de una ventana, el ruido de la cortadora de césped resoplando en el exterior, el niño que tose constantemente detrás de él y la clase de al lado que camina por el pasillo hacia la biblioteca.

La famosa autora, activista y representante a nivel mundial del espectro autista, la Dra. Temple Grandin, que escribe y habla extensamente acerca de su propia experiencia como autista, pone esta sucinta nota graciosa sobre ello: "WalMart es como estar dentro del altavoz en un concierto de *rock*."

Y una advertencia amistosa: la audición hiperaguda de tu hijo no siempre es dolorosa, puede conducirlo al superhéroe de libro de cómic o al territorio del Dr. Seuss. Muchos de nosotros recordamos la historia del Dr. Seuss en *The Big Brag* con su conejo que afirmaba que podía oír una mosca toser a ciento cuarenta y cuatro metros de distancia, es un ejemplo extremo y extremadamente gracioso. Pero no es inusual que un niño autista sea capaz de oír, y repetir, conversaciones que tuvieron lugar al otro lado de la habitación, en un espacio abierto, detrás de una ventana o de una puerta. Una madre me juró (en broma) que su hija podía oír cómo se abría una bolsa de patatas fritas en el barrio de al lado. Mi hijo pequeño a menudo miraba al cielo y decía "avión" treinta segundos antes de que yo pudiera oírlo o verlo. La audición hiperaguda de tu hijo puede darle un nuevo significado al viejo dicho: "Hay moros en la costa."

La audición hipoaguda (poco sensible) conlleva sus propios problemas. Impacta en el desarrollo del lenguaje y su uso, el aprendizaje socioemocional y los estudios. Los niños pueden perderse partes de lo que se está diciendo, ser incapaces de procesar ciertos tipos de sonidos o percibir lo que oyen como largas cadenas de sonidos en vez de palabras o frases sueltas. Lo que puede parecer pereza o desobediencia, puede ser una deficiencia sensorial que les impide captar o procesar los sonidos normales de la vida cotidiana.

El niño con un sentido auditivo poco estimulado también tiene dificultades para procesar la información procedente del sonido. Puede que hable demasiado bajo o demasiado alto, que busque dispositivos ruidosos (segadoras, secadores de pelo, licuadoras), o entornos ruidosos para obtener información sensorial adicional, que manipule juguetes y otros objetos de forma ruda para crear sonidos de choque, que muestre fascinación por el agua corriente (saltos de agua, chorros en la bañera o inodoros) o que le gusten los juguetes que vibran o zumban.

Tanto si está sobre o poco estimulado, sospecha de dificultades auditivas de procesamiento si tu hijo o estudiante puede seguir bien las órdenes visuales o escritas, pero lucha para comprender una instrucción oral o, sencillamente, no puede hacerlo.

El sentido del tacto

Nuestra piel registra una cantidad sorprendente de información: ligeros toques así como presiones más profundas, una amplia gama de temperaturas, distintos tipos de dolor o irritación, vibraciones y otros movimientos y texturas que van de lo viscoso a lo áspero.

La hipersensibilidad al tacto se denomina defensividad táctil. Un niño autista, atrapado en su propia piel, no es capaz de regular las sensaciones angustiosas que llueven sobre él en forma de ropa incómoda, caricias no deseadas de otra gente (abrazos que pueden parecer cálidos y amigables para ti, pero que para él/ella son una tortura) y texturas desagradables de cosas con las que tiene que enfrentarse al tocar o comer.

Para el niño que esté a la defensiva en cuanto a lo táctil, las etiquetas de la ropa, los botones, las cremalleras, bandas elásticas en los puños o cuellos y otros adornos similares pueden ser causa de distracción constante. Tanto dentro como fuera de casa, andar descalzo no es una opción (¿tienes a alguien caminando de puntillas por la casa?) El niño puede evitar tus abrazos y luchar como un tejón contra los cortes o los lavados de cabello, un cepillado de dientes y un corte de uñas. Tareas manuales como pintar con los dedos y actividades con arena pueden provocarle más estrés que alegría.

La hiposensibilidad tiene como resultado una subestimulación y a un niño que busca sensaciones táctiles. Es el niño que va pasando la mano por la pared mientras camina de un salón de clase a otro, toca todo y a todos, o puede que no se vea afectado por cambios de temperatura. Puede mostrar un comportamiento desconcertante, incluso perturbador, a veces acercándose a lo peligroso. Puede estimularse hasta hacerse daño (morder, pellizcar, aplicar presión con objetos diversos, cepillarse los dientes con demasiada fuerza), sin ser consciente de la intensidad de sus acciones y de su alto umbral de tolerancia al dolor y a la temperatura. Puede preferir vestir ropa ajustada, pesada o con textura, o hacer actividades extrañas como tomar un baño totalmente vestido. Puede tocar o chocar objetos a propósito y a otras personas para despertar sus sentidos y luego evitar probar otras actividades motoras nuevas después de que los demás hayan reaccionado a su "torpeza" con impaciencia, irritación, o mofa. Como los niños con procesamiento hipotáctil buscan contacto constante, los padres pueden describirlos como pegajosos y los demás pueden considerar sus caricias como invasoras o inadecuadas.

Muchos terapeutas ocupacionales te hablarán del éxito que pueden llegar a tener en desensibilizar un sentido táctil hiperagudo o despertar uno hipoagudo. Créelo si viene de una madre cuyo hijo pasó los primeros años de su vida luciendo sólo su traje de cumpleaños siempre que podía salirse con la suya y repartiendo abrazos al revés (de espalda) a unos pocos apreciados. En tercer grado eligió tejanos y camisetas de franela, en quinto grado ya había hecho senderismo, ciclismo, excursionismo con mochila y había paseado por grandes espacios al aire libre llenos de toda clase de bichos y sustancias viscosas sin pestañear. Eso es lo que se puede conseguir con una intervención regular y adecuada.

El sentido del olfato

"Ufffff... ¿qué es lo que apesta?" era un estribillo corriente en nuestra casa y a menudo mi nariz no detectaba nada. Los asistentes de enseñanza me cuentan que sus estudiantes autistas los saludan con un "hueles raro" aunque estén recién salidos de la ducha. La defensividad olfativa (sentido del olfato hiperagudo) es común entre los niños autistas. Aromas, esencias y fragancias que la población típica considera agradables o indetectables, tienen el poder de hacer que el niño con autismo se sienta miserable e incluso enfermo. Si una cierta pintura, pegamento, perfume o limpiador para el suelo alguna vez te ha producido una jaqueca instantánea, si el olor de pescado, brócoli, ajo, comida para gato, o queso limburger te ha revuelto el estómago o hecho saltar las lágrimas, multiplica esta sensación muchas veces y tendrás una idea de lo que puede estar experimentando tu hijo. No le pidas a él que cambie la caja de arena del gatito, esa mezcla "libre de olor"/cítrico natural/pino reciclado, combinado con quién sabe qué, dejará noqueado al pobre niño.

He aquí una serie de posibles agresores olfativos en el hogar:

- productos de lavandería con aromas (si están en sus prendas, no se desprenderá de ellas)

- jabones, geles de baño y champús perfumados (incluidos los aromas para niños, como chicle)

- ambientadores para baño (sólo añaden otra capa de olor)

- lociones para las manos, cara y cuerpo

- desodorantes, lociones para después del afeitado y colonias

- productos para el cabello

- productos de manicura

- productos para la limpieza del hogar, como amoniaco, lejía, cera para muebles, solución para limpiar alfombras, toallitas húmedas, y otros limpiadores con fragancia

- olores de la cocina

- productos químicos para el jardín

En los entornos escolares tenemos la zona de arte, proyectos de ciencia odoríferos, los geles y champús corporales de los compañeros de clase, bolígrafos perfumados, la vieja caldera de aceite o la ventana que da al césped recién cortado y convertido en abono, la caja del hámster y el almuerzo olvidado hace días en el armario. Se sabe que más de un estudiante con autismo ha experimentado el reflejo incontrolable de náuseas en la cafetería. (Ofrécele un lugar alternativo para comer, si los olores de la comida del mediodía molestan a tu alumno).

Un sentido del olfato poco estimulado se manifiesta en un niño que puede parecer demasiado interesado en olfatear su propio cuerpo y el de los demás o, por el contrario, no percibe su propio olor corporal y, por consiguiente, no se da cuenta cuándo necesita ducharse o cepillarse los dientes. Puede llevarse a la boca cosas raras que no son comestibles como tierra, barro, monedas o jabón, o puede mostrar una falta de sensibilidad a olores que otros consideran ofensivos, como orina (mojar la cama) y heces (manchas). Las dos cosas descritas anteriormente también pueden ser signos de un sentido táctil poco estimulado.

El sentido del gusto

Nuestro sentido del gusto está íntimamente relacionado al sentido del olfato, este último actúa como una especie de centinela. Si un alimento huele de forma sospechosa, mohoso, quemado, rancio o "raro", no nos lo llevamos a la boca. Es la forma natural de protegernos frente a la ingesta de venenos y toxinas. Las sensaciones olfativas de una persona pueden alterar la forma en que percibe el sabor de una sustancia. Un sistema gustativo hiperagudo reacciona con una incrementada sensibilidad a sabores fuertes como los amargos (tales como los fitoquímicos que se encuentran en muchos vegetales) y a los calientes (comidas picantes que contienen capsaicina, como el chile). También puede rechazar comidas por su temperatura o textura. El niño puede rehuir alimentos fríos (helados o zumos refrigerados), alimentos aceitosos o resbaladizos (pudines, melocotones enlatados, condimentos) o alimentos de consistencia mixta, como guisos, sándwiches o sopas. La textura granulosa de la carne a menudo les molesta, al igual que las bebidas carbonatadas. El resultado es que muchos niños con TEA son comedores selectivos en un grado asombroso, a veces se limitan a unos pocos alimentos.

En el otro extremo de la escala de la sensibilidad está el que no le encuentra gusto a casi nada. Este niño puede tener una percepción reducida del sentido del gusto y puede 1) comer todo lo que está a la vista porque le consigue buen sabor, 2) comer poco porque la comida, como experiencia sensorial placentera no tiene significado ni interés, 3) comer combinaciones de sabores poco usuales (por ejemplo, patatas fritas bañadas en yogurt de melocotón, o mantequilla de cacahuete en un perro caliente) o 4) comer una horripilante variedad de elementos no comestibles, como tierra, arcilla, pegamento, granos de café, motas de polvo y papel.

Otros problemas fisiológicos subyacentes, como deficiencias de minerales, también pueden alterar el sentido del gusto del niño y provocar una higiene bucal deficiente que pueden conducir a infecciones víricas o bacterianas.

Las implicaciones en la salud de las personas con hipersensibilidad gustativa así como aquellas con hiposensibilidad gustativa, son preocupantes. Aquellos que tienen el sentido del gusto demasiado desarrollado rechazan muchas de las comidas que proporcionan los mayores beneficios para la salud, como las verduras. Mientras que los que lo tienen poco desarrollado son susceptibles a lo contrario, caen en excesos de gratificación oral y a las enfermedades asociadas a una sobrealimentación y, más tarde, en su vida adulta, posiblemente al alcohol y al tabaco.

Abordar la sensibilidad gustativa requiere de un ojo experto, una valoración muy afinada y también tiempo y paciencia. Por el bien de tu propia cordura, "no intentes esto en casa" sin el apoyo de un terapeuta ocupacional.

Los sentidos vestibular y propioceptivo

Al igual que una oficina de contabilidad bien dirigida, estos dos sentidos críticos, pero poco comprendidos, no reciben atención cuando todo funciona a la perfección. Sólo cuando las cosas se ponen feas nos damos cuenta del caos que se crea cuando una pieza esencial de la infraestructura no funciona bien.

El sistema vestibular regula el sentido del equilibrio (balance, estabilidad) respondiendo a los cambios en la posición de los ojos y la cabeza. Su centro de mando está localizado en el oído interno. El sentido propioceptivo utiliza la retroalimentación de las articulaciones y músculos para decirnos dónde está nuestro cuerpo en el espacio y qué fuerzas y presiones están actuando sobre él. Como los problemas vestibulares y propioceptivos no son fácilmente reconocibles para la vista de un ojo inexperto, a menudo pasan desapercibidos y no se tratan, dejando que el niño autista se enfrente a ello sin ayuda en un entorno muy hostil.

Las deficiencias de los sentidos vestibular y propioceptivo pueden obstaculizar o detener las funciones motoras cotidianas. El niño puede tropezar con sus propios pies, rebotar en las paredes y caer de las sillas. Puede experimentar inseguridad gravitacional y ponerse ansioso en entornos en los que no tiene sus pies en terreno sólido, como subir los escalones de un tobogán, usar un baño público, montar en bicicleta y sentarse en una silla o taburete demasiado altos sin reposapiés. Es posible que, inconscientemente, aumentemos sus ansiedades al gestionar movimientos fundamentales, con nuestras expectativas adicionales de que aprenda nuevas habilidades, ya sean cognitivas/académicas, sociales o de motricidad gruesa. En este sentido, es fácil comprender por qué muchos niños con TEA rehúyen los deportes con sus abrumadoras y múltiples expectativas: adoptar ciertas posiciones, tener habilidades de motricidad gruesa y de planificación motora para ejecutar movimientos secuenciales como lanzarse para coger el balón, atraparlo, saltar y lanzarlo, o driblar, apuntar y lanzarlo a la canasta. A esto debemos añadir los elementos cognitivos sociales: recordar las normas, aplicarlas, comunicarse con los compañeros de equipo y aceptar las consecuencias cuando se falla una jugada.

Los trastornos vestibulares pueden afectar casi todas las función del cuerpo, y causar una vertiginosa (literalmente) cantidad de síntomas, que incluyen, pero no se limitan a la pérdida del equilibrio, náusea crónica, audición distorsionada (los oídos pueden sentirse tapados, o los sonidos pueden parecer llenos de estática, como una mala recepción de radio) y alteraciones visuales (los objetos o el material impreso parece borroso o en movimiento). Enfocar a distancia puede ser difícil, el resplandor de las luces puede parecer exagerado, y el niño puede tener dificultades con la memoria o la concentración, fatiga crónica, ansiedad aguda y depresión.

Los niños con disfunciones propioceptivas puede que anden de forma extraña y pesada, tener dificultades con los cubiertos, los lápices y otros utensilios que requieran de una motricidad fina, se desequilibran cuando cierran los ojos o pueden ser "chocones", siempre corriendo hacia las cosas o saltando de ellas mientras buscan información sensorial de presión profunda. Pueden ser "invasores del espacio", pues al no entender el concepto polifacético de distancia personal (comunicación proxémica, tratada en el capítulo ocho), continuamente se acercan demasiado a los demás de forma inconsciente, tropezando con ellos involuntariamente.

Además de un valioso terapeuta ocupacional, un especialista en educación física adaptada (APE, por sus siglas en inglés), puede ser de gran ayuda con los temas de motricidad gruesa, modificando el plan de estudio y el equipamiento de forma que tu hijo pueda participar con sus compañeros en actividades de educación física y en el patio de recreo. Averigua si la escuela de tu hijo cuenta con un equipo de educación física adaptada o un asesor APE.

Esfuerzo concertado

La mayoría de niños en el espectro autista se enfrentan a más de un problema sensorial. El tipo y el alcance de las diferencias (hiperactividad en unos, hipo en otros, o cualquier combinación) puede variar y cambiar día a día, con el tiempo y con tratamiento. "Concertado" tiene dos significados: agotador y colaborativo. Aliviar los auténticos desafíos sensoriales a los que se enfrentan nuestros hijos, necesita de nosotros un esfuerzo concertado de ambas definiciones: tácticas de equipo, con los padres, escuela y terapeutas, todos trabajando juntos.

Una de las herramientas más eficaces de los terapeutas ocupacionales es un plan de acción específico para el niño denominado dieta sensorial, a veces llamado mapa sensorial. La dieta o mapa sensorial identifica las necesidades sensoriales particulares del niño y prescribe actividades planificadas con regularidad que le ayudan a organizar la información sensorial de una forma que le resulte más fácil atender, participar y autorregularse. A través de la observación formal e informal y la evaluación, su terapeuta ocupacional determinará tres componentes:

1. Cómo fluctúa el nivel de excitación sensorial del niño a lo largo del día. Una excitación baja/hiposensibilidad requiere estímulos de activación. Una excitación alta/hipersensibilidad necesita estímulos que lo calmen.

2. El estado actual de los sistemas sensoriales del niño (qué sentidos son fuertes y cuáles son un reto).

3. La documentación para determinar el origen del desafío sensorial, o de incidentes específicos que pusieran en marcha respuestas emocionales o conductuales (transiciones, ciertas actividades, lugares o personas, tener que tratar con ciertas sustancias).

Un objetivo primario de la terapia sensorial es ayudar al niño a aprender a reconocer por sí mismo los problemas sensoriales a medida que surgen y, luego, usar las estrategias que les enseñamos para autorregularse, o pedirles que se autorregulen o que soliciten ayuda cuando eso no es posible. Estas pueden incluir programar pausas regulares para que el niño se mueva, proporcionarle juguetes que lo hagan moverse o que puedan masticar, o poner a su disposición un lugar de estudio o un rincón tranquilo. Incorporar estrategias a sus actividades cotidianas que satisfagan sus necesidades y juegos y aprovechen sus fortalezas, les dará una sensación de control y poder que intensifica su capacidad de participar tanto de forma cognitiva como social.

La disfunción de procesamiento sensorial no es exclusiva del autismo. Puede ayudarte a comprender las necesidades de tu hijo si reflexionas acerca de tus propias sensibilidades sensoriales y las de las personas a tu alrededor. En el desenfadado, pero revelador libro infantil de Carol Kranowitz titulado *The Goodenoughs Get in Sync*, cada miembro de la familia, incluso el perro, trabajan para hacer frente a un conjunto de diferentes dificultades de procesamiento sensorial. Papá no distingue la diferencia entre la mermelada de uva y la de fresa, ni sabe cuál de las dos palas es más pesada. Mamá debe estar siempre "tocando cosas, moviéndose, estirándose, canturreando, masticando, jugando con el lápiz, la tiza o la goma de borrar." Los niños describen sus desafíos con las respuestas de luchahuidacongelación, su dificultad para articular, su inseguridad gravitacional, su defensividad visual, su discriminación auditiva, su dispraxia y otras dificultades de carácter motor. Cuando los miembros de la familia ignoran sus necesidades sensoriales, la familia se hunde en el caos. Pero cuando reanudan sus actividades de dieta sensorial, vuelve el equilibrio. Cada uno narra su propia historia y, como haz de adivinar, las voces de los niños son fascinantes.

Olvídate de la pirámide de Guiza y de los jardines colgantes de Babilonia, las verdaderas maravillas del mundo son los sentidos neurológicos cuyas funciones o disfunciones tienen mucho poder sobre nosotros. Siete años de entrenamiento sensorial dedicado ayudaron a mi niño, agresivo y mudo, a convertirse en un adolescente seguro de sí mismo, capaz y de buen corazón y competente para autogestionar sus necesidades sensoriales. Eso sí es monumental.

Capítulo Tres

Ver la diferencia entre no quiero (elegí no hacerlo) y no puedo (no soy capaz de hacerlo).

Puedes pensar que no escucho las instrucciones, o que no quiero hacer lo que me pides, pero esa no es la razón por la que no las cumplo. Es que no te entiendo o no estoy seguro de qué hacer. Como cuando me llamas desde el otro lado de la habitación y yo oigo: "*&^%$#@, Jordan."

"#$%^*&^%$&*", en vez de esto, acércate a mí, haz que te preste atención y háblame con palabras simples: "Jordan, pon el libro en tu escritorio. Es hora de ir a comer." Esto me dice lo que quieres que haga y lo que va a pasar a continuación. Así sí puedo hacerlo.

A veces lo que me pides que haga me duele o me hace sentir incómodo, y no sé cómo controlarlo.

A veces no sé cómo decirte por qué no puedo, pero sé que no es porque yo no quiera. Es por qué no lo sé hacer.

¿La cebra es blanca con rayas negras o es negra con rayas blancas? Pregúntales a diez personas o busca en diez sitios web y obtendrás doce opiniones. Las cebras dan la impresión de ser blancas con rayas negras porque las rayas terminan sin unirse por debajo del vientre y alrededor de las patas. Pero la piel de la cebra en realidad es negra. Es una lección de la madre naturaleza, para hacernos ver que las cosas no siempre son lo que parecen en la superficie.

Lo mismo sucede con muchas de las complejidades del autismo. ¿Cómo distinguimos entre lo que nuestro hijo no hará (elige no hacerlo, comportamiento basado en el temperamento, la personalidad, o patrones adquiridos por su educación, etc.) y lo que no puede hacer (no es capaz de hacerlo)? Muchas de las cosas que argumentamos sobre nuestros hijos son quejas de comportamiento: él no obedece; ella no atiende a las instrucciones; él no deja de golpearse los nudillos; ella se marcha en mitad de una frase, u otras acciones extrañas aparentemente inexplicables o con un enfoque muy estrecho. Los adultos asumimos la comprensión (funcional y social), suponemos que, como hizo algo una vez, puede repetir el comportamiento sin más indicaciones, práctica o refuerzo en cualquier circunstancia. De la misma forma que hacemos con muchos de los retos a los que se enfrentan nuestros hijos, asumimos todo tipo de cosas acerca de sus conocimientos y capacidades, sin pararnos a considerar que nuestras suposiciones pueden ser la raíz del problema que tenemos.

"No quiero" y "no puedo" no son intercambiables. Un "No", puede significar "no quiero" y esto implica premeditación, intención y comportamiento deliberado. Implica tener tanto la autoconciencia como la preparación evolutiva para considerar la situación, las posibles consecuencias y tomar una decisión. Pero también puede significar "no puedo", lo cual reconoce que el comportamiento no es una cuestión de elección, sino que tiene su origen en la capacidad, conocimiento u oportunidad. Es de suma importancia reconocer cuál de los dos está expresando el niño.

La distinción entre "no puedo" y "no quiero" no es clara, y en cuanto a lo que al comportamiento se refiera, hay dos absolutos.

Todo comportamiento es comunicación.
Todo comportamiento sucede por una razón.

Hoy en día, la psicología reconoce diversos motivos de comportamiento: llamar la atención, buscar o evitar lo sensorial, sentirse impotente, poner a prueba los límites, experimentar en diferentes etapas del desarrollo cognitivo y social, explorar la independencia y muchos otros. Algunos pueden ser el resultado directo de retos derivados del autismo; otros pueden ser etapas del desarrollo por las que pasa todo niño, autista o no. La próxima vez que te veas diciendo "no quiere" párate y evalúa el comportamiento del niño a la luz de las siguientes razones más comunes. Observa y empieza a reconocer situaciones en las que "no puede" es una descripción más exacta que "no quiere."

Comportamiento resistente/evasivo. Tu hijo o alumno no sabe cómo hacer lo que le has pedido o le resulta desagradable por una razón que tú no percibes.

Es natural para un niño (o un adulto) querer evitar una tarea desagradable y es necesario localizar el origen de la resistencia para resolverla. Tu papel esencial ahora es hacer de detective. Puede que te sorprenda lo mucho que la falta de capacidad, información u oportunidad influyen en la reticencia o negativa de tu hijo a hacer lo que le pides; piensa que esto sucede "casi el 100 % de las veces." Las posibles razones son (tómate un café, pues tardaremos un rato):

- No ha oído tu petición o sólo le han llegado algunas piezas a su cerebro.

- No ha entendido las instrucciones o la petición.

- No sabe o no entiende las normas, el proceso o la rutina.

- No tiene las habilidades de motricidad fina o gruesa necesarias para cumplir con la tarea.

- Las expectativas de comportamiento o académicas son demasiado elevadas.

- La actividad es abrumadora desde el punto de vista sensorial.

- La tarea le causa un malestar físico.

- La petición llega en un momento en que tiene hambre o está cansado para cumplirla.

- Cualquiera de las anteriores, sola o combinada, le genera una ansiedad incapacitante. En otras palabras, no puede.

Y, por encima de eso, le aterroriza el fracaso o ser criticado. Desde su perspectiva concreta, de blanco o negro, todo o nada, los errores y los éxitos tienen dos tamaños: enormes o inexistentes. Esto alimenta en él una ansiedad y un estrés generalizado. Además, ¿le has ofrecido alguna elección o le has dado flexibilidad en cuanto a cómo y cuándo debe cumplir la tarea? ¿Ha podido opinar sobre cómo podría abordarla de la mejor manera? Los comportamientos evasivos a menudo suelen deberse a una falta de comprensión y al miedo al fracaso. Permitirle que exprese su opinión sobre la mejor manera de cumplir las tareas y asignaciones, incrementa sus posibilidades de éxito, y lo motiva a intentar hacer el trabajo real que esta conlleva. Preguntar, sondear y guiar: ¿cómo podría realizar mejor una tarea o cumplir con una expectativa? Ayúdalo a terminar la frase: "Sería mejor si ...",

- Un adulto me ayudara.

- Un compañero o un hermano me ayudara.

- Tuviera más tiempo.

- Pudiera trabajar solo.

- Pudiera hacerlo con un compañero o en grupo.

- Pudiera trabajar en un lugar distinto.

- Pudiera enseñártelo o decírtelo de otro modo. Podría:

  - Contarte en privado o en un pequeño grupo.

  - Escribir sobre ello.

  - Dibujar, pintar o mostrártelo con juguetes o actuando.

  - Escribir o grabar mis pensamientos acerca de ello en una tableta o un ordenador.

  - Mostrártelo en el ordenador o de otra forma en la tableta.

Comportamiento que demanda atención. Tu hijo requiere la atención de un adulto o de un compañero.

La buena noticia es que quiere interactuar. La mala noticia es que el comportamiento inadecuado para demandar atención a menudo perturba la rutina de la clase y la familiar. Si te exaspera porque "no para", piensa: ¿se le ha enseñado y comprende cómo pedir atención o ayuda de forma adecuada? Una de las trampas del autismo es que al niño hay que enseñarle cuidadosamente a interactuar socialmente, pero al mismo tiempo no sabe cuándo y cómo pedir ayuda. Necesita instrucciones y ejemplos específicos para hacer peticiones como "necesito ayuda" o "no entiendo esto", y necesita apoyo emocional mientras aprende no sólo las palabras o acciones adecuadas, sino el coraje para pedirlo.

Considera también si recibe o no atención suficiente de los adultos para conseguir lo que se espera de él. Además, pregúntate: ¿recibe la atención adecuada de compañeros que validen su autoestima? ¿Recibe más tu atención por sus actos indeseables que por los comportamientos más adecuados? ¿Oye más alabanzas de ti que quejas? (Los educadores y psicólogos recomiendan ampliamente una proporción de 51 entre elogios y críticas). ¿Refuerzas los comportamientos que quieres reprimir sin darte cuenta? Si lo ignoras cuando no está molestando, pero notas inmediatamente cuando escupe bolitas de papel o usa el sofá como trampolín, obtiene la atención que quería y has reforzado sus comportamientos inadecuados. Recuerda nuestra máxima: todo comportamiento es comunicación. Esto también aplica para ti.

Autocalmarse. Como ya discutimos en el capítulo dos, tu hijo intenta calmar o activar sus sentidos sobreestimulados o poco estimulados de forma inconsciente para reducir la ansiedad o la incomodidad. Esta puede ser la causa orgánica subyacente de un comportamiento, y hasta que no ayudemos al niño a aprender estrategias sensoriales que sea capaz de usar, dichos comporta-

> **No se le ha enseñado si él no lo aprende, y no está aprendiendo si no es capaz de hacer uso de la información.**

mientos entrarán en la categoría de "no puedo." Observa que dije: "Ayudar al niño a aprender estrategias que sea capaz de utilizar" en vez de "enseñar al niño." No se le ha enseñado si él no aprende, y no está aprendiendo si no es capaz de hacer uso de la información. Como oirás a menudo a lo largo de este libro (al igual que nuestros hijos, nosotros no siempre aprendemos algo a la primera), abrir el canal entre la enseñanza y el aprendizaje a menudo requiere un modo distinto del que pudiera ser tu primera elección.

Entretenimiento/diversión Tu hijo encuentra un comportamiento en particular que le divierte.

Aunque los niños con TEA a menudo tienen un sentido del juego más rígido o reducido que los niños típicos, ellos también pueden ser ingeniosos a la hora de entretenerse. Es una gran habilidad, como diría cualquier madre de un niño que dice "estoy aburrido. No tengo nada que hacer." No obstante, ser capaz de interactuar eficazmente en un grupo es una habilidad esencial para la vida. Las destrezas lúdicas tempranas deben desarrollarse de una forma que le permitan ser capaz de desempeñar trabajos en grupo en la escuela, desenvolverse con camaradería en la adolescencia, y actuar eficazmente en equipo como adultos en el trabajo, involucrarse en la comunidad, o en actividades recreativas. Si tu hijo repite los comportamientos de diversión cuando los demás no están presentes, quizá sea su forma de decirte que quiere jugar, pero que no tiene ni la habilidad adecuada ni la oportunidad para interactuar con otros niños.

Las habilidades de juego se desarrollan a lo largo de una línea temporal que progresa desde jugar de forma solitaria a ser un observador de los juegos de los demás, pasando por el juego paralelo y finalmente el cooperativo. Si identificas en qué momento de ese desarrollo se encuentra tu hijo, tú y el equipo de tu hijo pueden establecer un plan que se aplique de forma coherente en la escuela y en el hogar. Como todos los planes de este tipo, evolucionará a lo largo del tiempo a medida que las habilidades de grupo de tu hijo se amplíen y progresen.

Control. Tu hijo está intentando ordenar y reordenar su entorno.

Cuando hay muy pocas cosas dentro de su ámbito de control, muchos niños en el espectro autista experimentan la vida como una continua batalla para aferrarse al poder que tengan para mantener el orden y la coherencia en sus vidas. Sus intentos de control pueden ser abiertos (comportamiento agresivo y de confrontación que parece desafiante) o pueden ser pasivoagresivos (continúan haciendo lo que les parece bien o cómodo de forma silenciosa o encubierta, a pesar de los intentos de redirigir su comportamiento).

Tu vida diaria como un adulto típico fluye en una perpetua corriente de elecciones, minuto a minuto. Das por sentado tanto la variedad de opciones que tienes como tu capacidad para actuar en consecuencia. Estas habilidades de razonamiento y de toma de decisiones son mucho más limitadas en tu hijo autista. Lo que parece ser un comportamiento controlador por parte de tu hijo, también puede verse como una evidencia de su capacidad para pensar de forma independiente y afirmar sus propias necesidades y deseos. Canaliza estas cualidades a medida que trabajes con él para inculcarle habilidades para tomar decisiones y aumentar el número de opciones y oportunidades de éxito en su mundo.

Es demasiado fácil involucrarse en una lucha de poder con un niño que parece empeñado en hacer las cosas a su manera, pero recuerda siempre tus objetivos para ese niño antes de responder. ¿Tu objetivo es doblegar al niño a tu voluntad, hacer que respete tu autoridad y obligarlo a obedecer a toda costa? (Pregúntate si eso es realmente un triunfo). ¿O el objetivo es aclimatarlo a un comportamiento socialmente aceptable de forma que le permita crecer como persona y ocupar su lugar como ciudadano del mundo?

De pequeño, Bryce tenía una manera pasivaagresiva de hacernos saber cuándo ya había tenido suficiente de una situación social: nos lo decía una sola vez. Si no poníamos fin a la salida dentro de un marco de tiempo razonable para él (menos de cinco minutos), simplemente se daba la vuelta y se iba. Según donde estuviésemos, puedes imaginarte lo peligroso que podía ser. Todavía me da urticaria recordar esos tiempos, su pequeña espalda desapareciendo calle abajo o en medio de la multitud. Pronto aprendimos que cuando Bryce decía: "Estoy listo para marcharme", eso significaba que no se podía negociar la hora. ¿Tiraba de nosotros? ¿Lo dejábamos ser el director de escena? Ni por asomo. Nos estaba diciendo que se estaba aproximando a su punto de colapso. Era un logro enorme en el desarrollo de su autoconciencia y la autodefensa, un hito alcanzado gracias a los dedicados esfuerzos y la orientación de padres, terapeutas y profesores. Exigía y merecía nuestro respeto. A regañadientes nosotros adaptábamos nuestros planes en consecuencia. Nuestro objetivo era que Bryce fuera capaz de desenvolverse y disfrutar de los entornos sociales de forma que nos permitiera hacer cosas como una familia por completo. Para lograr ese objetivo, tuvimos que aprender a escuchar y atender sus advertencias verbales y no verbales cuando había alcanzado los límites de sus capacidades. En aquellos días, superamos muchas retiradas apresuradas, pero con el tiempo Bryce fue adquiriendo lenguaje, confianza, tolerancia sensorial y habilidades sociales. Lo hicimos a su modo y, al llegar a la adolescencia, teníamos a un jovencito que podía ir a cualquier parte, que paseaba solo por la ciudad y, para celebrar su graduación en la escuela superior, viajó solo por todo el país.

Represalias. Tu hijo quiere desquitarse del tratamiento que percibe como injusto.

Incluyo este aquí porque lo más probable es que sea una motivación que puedes descartar.

"Lo hace para vengarse de mí." Déjalo estar, amigo. El concepto de justo/injusto, ser capaz de adoptar la perspectiva de otros, considerar sus pensamientos, sentimientos, intenciones y motivaciones, es altamente complejo a nivel de procesamiento social y algo de lo que muchos niños con autismo carecen con notoriedad. Es más, planificar y llevar a cabo una venganza requiere habilidades ejecutivas avanzadas junto a un nivel de planificación motora que va más allá de las capacidades de la mayoría de niños del espectro autista. Continúa observando, pues tu respuesta no está ahí.

Una vez que entendemos cómo el "no puedo" determina el comportamiento de nuestro hijo, debemos cambiar la palabra contra nosotros mismos, ya que "no puedo" es un monstruo de dos caras. "No puedo" viene en dos sabores y se instala en un lugar muy distinto de la lengua cuando viene de ti y no de tu hijo. Tú, como adulto capaz, no sales del apuro tan fácilmente con un "no puedo." Tal como hemos dicho, "no puedo" refleja falta de conocimiento, capacidad y oportunidad. Soy la primera que reconoce que el autismo exige una enorme curva de aprendizaje, pero aquí estamos hablando a un nivel más profundo, de jugar la mano que has recibido. No se trata de alejarte de las dificultades y de los retos ante a tus propias inseguridades. No tuviste elección en cuanto a esa parte natural de tu hijo, pero la parte nutritiva te ofrece un sinfín de opciones. Tu hijo será una expresión de su personalidad y su entorno. ¿Qué vibración obtiene de ti? ¿Eres un adulto que puede con todo?

Hace unos años conocí a un padre que no podía liberarse de su diatriba antigubernamental acerca de cómo, por culpa de las vacunas que exigen para asistir a la escuela, le habían robado a su hijo. "Sencillamente no puedo identificarme con él", suspiraba. "¿Cómo crees que se siente saber que probablemente terminará en prisión?." Es un sentimiento aterrador y de impotencia estar agobiado por los remordimientos y los sueños rotos. Pero este padre había cruzado la línea que separaba el no puedo (no soy capaz) del no quiero (elijo no hacerlo), decidiendo mirar hacia atrás a lo que pudo haber sido, en vez de ver hacia adelante, hacia una serie de posibilidades todavía inexploradas. Dejando de lado si la vacunación es responsable de la condición de su hijo, y no voy a debatir (elijo no hacerlo) sobre ese tema, se trata de una discusión posterior al hecho. El niño no puede (uso adecuado de la palabra en este caso) no ser vacunado. Adoptando una actitud derrotista en vez de un enfoque proactivo de trabajo intensivo para ayudar a su hijo a desarrollar todo su potencial, este padre también optó por la parálisis, el miedo, la exasperación y la profecía autocumplida. Su hijo tenía ocho años y era un niño brillante, elocuente, inteligente, ingenioso y que sabía expresarse, pero también era agresivo, se enfadaba y se frustraba, como su padre. Toda una vida de mensajes de "no puedo" pueden plantar la semilla de la desesperación en un niño.

Le sugerí a ese padre que tratara de reformular los "no puedo." Su hijo no puede cambiar el hecho de que tiene autismo. No puede encontrar el camino hacia algo mejor a menos que los adultos que tiene a su alrededor den un paso para ayudarlo.

Le dije a ese padre que sabía que podía ser más competente y cariñoso de lo que lo era entonces. Y le pregunté, como mi pediatra solía preguntarme, ¿quién es el adulto aquí? ¿Quién tiene el poder de cambiar las cosas? ¿Tú puedes? Con ayuda y educación, puedes ser el maestro y el guía en la vida de tu hijo. ¿Lo serás? Aún debía responder esta pregunta para sí mismo.

Lo irónico y lo conmovedor de los "no puedo" versus los "no quiero" es que los adultos a menudo matamos lo que más deseamos conseguir. Si deseas un niño comprometido, seguro de sí mismo, optimista y curioso, debes modelar esas cualidades, y encontrarlas y reforzarlas en tu hijo sin importar lo poco que ganes. Piensa cuidadosamente en el papel que ejerce el refuerzo en la relación con tu hijo o alumno. Los matices pueden ser sutiles, pero la forma en que respondes a las acciones, a las palabras o actitudes de tu hijo, equivalen a afirmarlo o denigrarlo. Vigila lo que refuerzas, asegúrate de que es algo que quieres que él repita. Cuando adoptas una actitud de "sí se puede", él también lo hará.

Si te enfrentas a pensamientos del tipo: "No puedo darle a este niño un trato especial, no puedo perder más tiempo modificando tareas, asignaciones o entornos, y no puedo hacer nada para cambiar la forma de ser de este niño", entonces no puedes esperar ver cambios positivos. Construir cuidadosamente el mundo del niño de forma que asegure un flujo de éxitos, por pequeños que sean, establece bases que entierran los no quiero que hay debajo. Eso no es un trato especial, es respetar y resaltar las fortalezas y retos de un niño que experimenta el mundo y aprende a través de canales que pueden ser distintos de los tuyos, y que puede salirse de lo que supones son los llamados niños típicos. Se trata de guiarlo para que construya habilidades que lo ayuden a ser lo más independiente posible. Es lo que deseamos pensar como "la forma correcta" desde el enfoque de "estos niños."

Piensa en esos días antes de que tuvieras a tu hijo.

Ibas a un bar después del trabajo y a eso lo llamabas "hora feliz" u "hora de ajuste de actitud." Tenías un objetivo: hacer tu mundo más placentero, más agradable, o aliviar los retos del día, esto no es muy diferente. Elegiste hacer un cambio consciente en tu estado mental, esta vez por tu hijo. Si no te gusta la connotación alcohólica, piensa en ello como una gestión de recursos energéticos: ¿cuánto tiempo y energía gastas haciendo hincapié en lo que no tienes y no puedes tener debido al autismo de tu hijo? A eso se le llama melancolía. ¿Cuánto podrías conseguir si rediriges esa energía en hacer, intentar y avanzar? A eso se le llama progreso, para ambos.

Capítulo Cuatro

Pienso de forma concreta. Interpreto el lenguaje de forma literal.

Me confundes cuando me haces preguntas como: "¿Estás en la luna?" Cuando realmente lo que quieres decirme es: "Estás distraído."

No me digas que una cosa es "pan comido" cuando no hay ningún pan a la vista y lo que quieres decir es: "Esto será fácil de hacer."

Cuando dices, "hace mucho frío afuera" pienso que estás afirmando un hecho. No entiendo que lo que realmente quieres decir es: "Hoy ponte pantalones largos, no cortos."

No digas: "Vamos a cerrar esto", cuando no hay nada abierto alrededor y lo que quieres decir es que termine lo que estoy haciendo.

Y cuando dices, "es sólo una expresión", eso no tiene ningún sentido para mí.

Todas las formas distintas de hablar de la gente pueden ser desconcertantes para mí. Si me enseñas, puedo y aprenderé lo que significan algunas de estas frases raras. Pero por ahora, necesito que me digas claramente lo que quieres que haga, y lo que tratas de decir exactamente acerca de lo que está sucediendo a nuestro alrededor.

Sea cual sea el dominio de tu idioma nativo que creías que tenías, será comprobado seriamente por tu hijo o alumno con autismo que piensa de forma literal. Muchos modismos, juegos de palabras, matices, inferencias, metáforas, alusiones y sarcasmo, constituyen una cantidad asombrosa de nuestras conversaciones en las que él se pierde. Él tomará lo que dices al pie de la letra, hasta un punto que nunca antes habías imaginado. El medallista olímpico británico Doug Larson resume las trampas de la comunicación coloquial con la siguiente afirmación lamentable: "Si el idioma inglés tuviera algún sentido, una catástrofe sería un apóstrofe con piel" (en español, esta analogía no tiene mucho sentido).

Para los niños autistas, con sus capacidades asociativas (a veces brillantes), su pensamiento concreto y visual y, para muchos, su limitado vocabulario, las imágenes generadas por los modismos comunes y otras formas del habla deben ser muy molestas. ¿Hormigas en sus pantalones? ¿Mariposas en el estómago? ¿Abrir una lata de gusanos? ¿Te comió la lengua el gato?

Eso es suficiente para hacer que quieran "conducir el autobús de porcelana" (¿te gusta este? significa "vomitar").

Esas imágenes que evocan están en la raíz de algunas de nuestras expresiones diarias. Cuando dices que "llueven gatos y perros", significa que está lloviendo mucho. Una interpretación del origen de este modismo se remonta a las inundaciones en Inglaterra en los siglos XVII y XVIII. Después de unas lluvias torrenciales, los cuerpos de gatos y perros ahogados llenaban las calles, parecía como si hubieran llovido del cielo.

Estoy segura de que esto es lo que muchos niños con autismo

No se te ocurriría darle instrucciones a tu hijo en un idioma extranjero, pero el español puede parecer eso.

visualizan cuando dices que llueven gatos y perros. "¡No los veo!" exclama preocupado un niño pequeño. "¡Parece como si sólo cayera agua!", mientras otro miraba un chaparrón y especulaba: "¡Ya debían estar todos en el suelo!." Y que Dios te ayude si te oye decirle a alguien que es "un mundo de perros", que brindes por los novios o que le adviertas a alguien que no "tire al bebé por el desagüe de la bañera."

No se te ocurriría darle instrucciones a tu hijo en un idioma extranjero, pero el español puede parecer eso. Comunicarse con un niño que piensa de forma literal requiere que nos detengamos y consideremos nuestra forma de hablar. Puede tomar un poco de reentrenamiento, de tu parte. Con el tiempo, madurez y educación, el niño de pensamiento concreto puede aclimatarse a cierto grado de reconocimiento de modismos y otros lenguajes figurativos. Mientras sea joven y tenga muchos retos con el lenguaje receptivo, no aumentes su desconcierto. Presta atención a los inconvenientes más comunes:

Modismos y clichés

No digas:	En vez de eso dime:
Eres la niña de mis ojos.	Te quiero mucho.
Estoy al límite.	Me estoy enfadando.
Muérdete la lengua.	No me hables así.
Me comería un camión.	Tengo mucha hambre.
Esto no huele bien.	Esto no me parece correcto.

Instrucciones inespecíficas

Di exactamente lo que significa para ti y no permitas que tu hijo o alumno tenga que descifrar instrucciones inespecíficas.

No digas:	En vez de eso di:
Cuélgalo allí.	Cuelga tu abrigo en el colgador, al lado de la puerta.
Apártate de la calle.	Para tu bicicleta al final de la entrada de los autos.
Deja de golpear.	Mantén los pies debajo del pupi-tre.
Pongámonos en marcha.	Nos vamos a casa ahora.

Inferencias

Al igual que con las instrucciones inespecíficas, una inferencia para un niño autista es sólo la declaración de un hecho. No le hagas adivinar. Especifícale la acción que quieres que haga.

No digas:	En vez de eso di:
Tu habitación es un caos.	Cuelga tu ropa.
No entregaste los deberes.	Pon tu informe del libro sobre mi mesa.
No me gusta ese ruido.	Baja el volumen del televisor.

Leemos, oímos y hablamos mucho acerca de la "concientización del autismo." Este es un ámbito en el que nuestra propia concientización a menudo necesita un buen empujón, o un recordatorio periódico. El lenguaje figurativo es omnipresente y está profundamente arraigado en nuestra comunicación verbal. Además de los ejemplos que ya he dado, incluye alusiones ("¡es un Einstein regular!"), hipérboles ("voy a dormir durante un año"), ironía ("tan amigable como un lobo"), personificación ("el viento les susurraba a los árboles"), sinécdoques (referirse a una cosa entera por el nombre de una de sus partes, como llamar a un coche "ruedas" o llamar a un trabajador "mano") y muchas otras formas. Cuando hablo en reuniones sobre el autismo, les pido que hagan dos cosas a conciencia. Primero, que levanten la mano si me sorprenden usando lenguaje figurativo, yo lo utilizo un poco menos inconscientemente que el promedio de las personas, y cuanto más me interrumpan, más ilustrarán mi punto de vista. Luego les doy una tarea que deben hacer: deben llevar un registro del lenguaje figurativo que oigan o que se capturen usando a lo largo de

Muchas de nuestras conversaciones diarias son imprecisas y, para el niño con autismo, son ilógicas.

veinticuatro horas. Inténtalo tú mismo, te sorprenderás.

Ahora tienes una idea de la cantidad de imprecisiones que hay en nuestras conversaciones diarias y lo ilógicas que son para un niño con autismo. Aprenderás incluso más rápido la primera vez que le digas "espérame un minuto" y no esté allí cuando vuelves al cabo de cinco minutos.

Y ya que hablamos de conversaciones incomprensibles, esperar que un niño autista siga esta clase de conversación es ridículo. "Estábamos hablando y tal, y yo, como que NO voy a ir allí. Él se limitó a decir, OK, lo que sea, y yo me quedé como, BIEN. Como si me importara poco, y entonces el continúa, como, sí, muérdeme." ¡Padres y profesores!, está más que bien exigir que los hermanos, compañeros y otros, hablen claro y de forma sencilla cuando estén cerca de gente con autismo. Traducido, el párrafo anterior sonaría algo así como: "Yo ya no quería hablar con Jake. Ambos estábamos diciendo cosas desagradables." ¿Recuerdas la escena de esa vieja película irreverente *Airplane*?: "Perdón, azafata, yo hablo jive." Si los diferentes dialectos, acentos y cadencias de tu idioma nativo pueden resultar confusos para ti, imagina qué clase de torre de Babel pueden ser para un niño autista.

Tener un niño que luchaba con el lenguaje, fue la máxima ironía para mí. El diploma de mi universidad dice licenciada en Ciencias de la Comunicación Oral. La estantería superior de nuestro garaje guarda un cajón de trofeos ganados en debates en la escuela secundaria que se están oxidando. Sí, soy una charlatana certificada. Provengo de una familia de maestros empedernidos en las palabras, siempre inventando oscuros juegos de palabras. Recorrí una gran curva de aprendizaje para, primero, darme cuenta de que mi hijo no era capaz y no estaba interesado en esta clase de juegos verbales y, segundo, aceptar que si quería comunicarme con él de forma significativa (y, ¡oh!, cuánto lo deseaba) debía trabajar mi propia manera de presentarme. Tenía que pensar antes de hablar. Tenía que elegir mis palabras cuidadosamente, mi tono de voz y mi inflexión. Si no lo hacía, él me ignoraría, sin malicia, sin ninguna molestia y sin el más leve reconocimiento de que yo estaba en la habitación.

Y tú pensaste que esto no sucedía hasta la adolescencia.

Editar tu lenguaje figurativo, aprender a comunicarte con tu hijo en su longitud de onda personalizada puede llegar a ser agotador, a veces tanto que puedes caer en el tipo de frustración que genera esa mentalidad improductiva que, de algún modo, te dice que es un "trato especial" que no deberías darle, pero recuerda que el hecho de que él tenga que descodificar tu lenguaje sin sentido es aún más agotador y frustrante para él. Los niños con TEA pueden aprender, en distintos grados, las diversas formas de lenguaje figurativo.

Cuando oyes o usas un modismo u otra expresión figurativa y se la reformulas en un lenguaje concreto, le enseñas que, aunque puede parecer extraño, a veces las frases pueden decir una cosa, pero significar algo totalmente distinto. Reconoce que eso puede parecer tonto, pero a veces también es divertido. A algunos niños les gusta llevar un registro de referencia de los modismos que oyen y aprenden. Conozco a más de un jovencito cuyo interés circunscrito son los modismos.

A medida que trabajas para enmarcar tu comunicación dentro de términos más concretos, tu hijo te dará indicaciones suaves y libres de juicios para mantenerte en buen camino. Cuando Bryce era muy pequeño, sus procesos de pensamiento concreto y ultraliteral a menudo me confundían. Un día descubrí en el lavabo una imagen de la estrella del baloncesto, Michael Jordan, con un tarro de mermelada de frambuesa volcado encima. Eso me desconcertó, por mucho que intenté interpretarlo. "¿Qué es esto?", le pregunté finalmente a Bryce. "*Space Jam*", me dijo, él acababa de ver esa película. (*Jam* significa mermelada en inglés). Vi la sustancia carmesí deslizarse por el desagüe y no se me ocurrió una respuesta adecuada, nada en absoluto. Así que hice lo más sensato: asentí y me fui. Más tarde, a la familia le hizo mucha gracia cuando él aprendió a contestar el teléfono. Mi madre, una profesional de la salud con una amplia comprensión sobre el autismo, sin embargo, tropezaba casi cada vez que llamaba. "Hola, Bryce", decía, "¿cómo estás?, ¿qué haces?" y él contestaba: "Bien, abuela, estoy hablando contigo por teléfono." Todos aprendimos a hacer preguntas más concretas del tipo que conducen a una conversación. ¿Qué hiciste hoy en la clase de ciencias? ¿Qué te gustaría hacer el sábado? ¿Qué libro estás leyendo esta semana? Incluso hoy, me sorprendo balbuceándole modismos y parándome a comprobar si conoce el que acabo de usar. Como adulto, ha aprendido (y utiliza) muchos modismos y otras frases figurativas y cuando no conoce una expresión en particular, puede identificarla como figurativa, dado el contexto de la frase.

Pero nunca olvidaré mi desliz más infame, el que grabó a fuego la facilidad con la que esos errores, de todos los tamaños, se escapaban de nuestros labios bienintencionados y lo hábiles que pueden ser nuestros hijos a veces para hacérnoslo saber.

Bryce tenía siete años, habíamos tenido un desacuerdo y una incapacidad de comunicación que duró mucho rato aquella noche y que nos dejó exhaustos a ambos. Le ofrecí una solución tras otra, ninguna de las cuales podía creer o aceptar. (El permaneció firme). Acabamos frustrados, sudorosos y cerca de la desesperación. Con amorosa determinación, y un pequeño elemento de sorpresa, fui capaz de apaciguar la situación justo antes de irnos a la cama y ambos nos ganamos nuestros dulces sueños esa noche.

A la mañana siguiente, nos sentamos a nuestra soleada mesa del desayuno y le dije dos cosas. Primero, que siempre podía confiar en que sería honesta con él y actuaría en su mejor interés. Incluso si la solución a un problema parecía desagradable, siempre encontraríamos una forma de resolverlo. Segundo, le dije que admiraba su tenacidad, explicándole que mantenía lo que él creía, no se daba por vencido y resistía la presión. Eso requería fuerza y coraje. "Te aferras a tus armas", le dije, "y eso puede ser bueno." Tan pronto como hube pronunciado esas palabras supe que había metido la pata.

"¡No quiero aferrarme a ningún arma!", declaró alarmado. Y luego me preguntó:

"¿Estás segura de que no quisiste decir ... chicle?." (En inglés arma es *gun* y chicle es *gum*.

Capítulo Cinco

Escucha todas las formas en las que trato de comunicarme.

Me resulta difícil decirte lo que necesito cuando no tengo una forma de describir mis pensamientos y sentimientos. Puedo estar hambriento, frustrado, asustado o confundido, pero ahora mismo no puedo encontrar esas palabras. Mantente alerta de mi lenguaje corporal, el retraimiento, la ansiedad u otros signos de que algo va mal. Están ahí.

O, cuando no encuentro las palabras que necesito, puedo recitar palabras o guiones enteros que he memorizado de películas, videos, libros o cosas que dicen otras personas. A veces me hace sentir más viejo de lo que soy, y puede que no entienda del todo las palabras y su significado. Sólo sé que es una forma en la que puedo contestar cuando tengo que hacerlo, pero no puedo hacerlo de la forma "normal."

65

"**N**o puedes apresurar el arte."

Bryce dirigió sus ojos infinitamente azules hacia la profesora de primer grado y soltó esta frase mientras ella apremiaba a la clase para que recogieran sus pinturas: "¡Rápido, rápido, rápido! ¡Es hora de música! ¡Los pinceles en el fregadero! ¡Formen una fila en la puerta! ¡Vamos!" Bryce acababa de descubrir la magia de mezclar pintura naranja y verde para obtener marrón para usarla en su versión del cuadro *Los girasoles* de Van Gogh, y no entendía tanto apuro. Su profesora no podía esperar para contarme su ocurrencia y decirme: "Desde luego, tiene razón."

Lo que ella no sabía era que había dado una respuesta (palabras, inflexión y cadencia) completamente copiada de *Toy Story 2*. Bryce tenía un dominio sorprendente de un comportamiento verbal llamado ecolalia, es decir, repetir pedazos de conversación que había oído de otras personas. Cuando le fallaba su limitado vocabulario, en fracciones de segundos recuperaba respuestas funcionales de un alijo enciclopédico de películas guardadas en el disco duro de su cerebro.

La ecolalia es común en el autismo. Puede ser inmediata (el niño repite algo que le acaban de decir a él o cerca de él), retrasada (el niño repite algo que ha oído en un pasado reciente, medio o más lejano) o perseverante (el niño repite la misma frase o pregunta una y otra vez). Para muchos padres (entre los que me incluyo), la ecolalia da lugar a una penetrante sensación de pánico que se fomenta cuando el intercambio de hechos, sentimientos y pensamientos no pueden fluir libremente entre nosotros, nuestros hijos y el resto del mundo.

En el momento del incidente de: "No puedes apresurar el arte", el noventa por ciento del discurso de Bryce fue ecolalia retrasada. La había empleado tan hábilmente que fue indetectable para cualquiera menos para nuestra familia. Yo estaba desesperada por darle un abrazo, un deseo común y comprensible, pero equivocado para todo padre en mi posición. Dado que el discurso no es espontáneo, puede parecer (ya que estamos citando películas) que "lo que tenemos aquí es un fallo de comunicación." (*Cool Hand Luke*, 1967) El discurso ecolálico a menudo parece no tener ninguna relación con lo que está sucediendo en ese

Disponer de un medio de comunicación funcional, *sea cual sea*, es esencial para cualquier niño, pero más todavía para el niño con autismo.

momento, aunque para el niño, sí la tiene. Él puede estar a tres o cuatro uniones asociativas por delante de ti, por lo que descubrir la relación puede ser un trabajo complicado para ti, pero necesario.

La ecolalia es sólo uno de los aspectos del desarrollo del lenguaje, aunque uno que genera una considerable emoción en los padres. He sentido con el corazón de una madre, como puedes estar sintiendo tú, la urgencia por ver a mi hijo elaborar un lenguaje "normal", del tipo que borra algunas de las grandes diferencias entre él y sus compañeros de la misma edad. En esta urgencia, no podemos perder de vista el hecho de que, aunque todavía él debe desarrollar un vocabulario básico y las habilidades relacionadas con el discurso generativo, continúa necesitando una forma de comunicar sus necesidades, miedos y deseos.

Si tomas sólo una cosa de este capítulo, que sea esta: disponer de un medio de comunicación funcional, *sea cual sea*, es esencial para cualquier niño, pero más todavía para el niño con autismo. Si tu hijo no puede satisfacer sus necesidades y apaciguar sus temores, su mundo y el tuyo pueden convertirse en un lugar horroroso. Sin comunicación funcional, sólo verás cómo su frustración y su miedo se manifiestan en su comportamiento, mientras intenta hacerte saber, de la única forma posible que tiene, que para él las cosas no son como deberían. Una vez que sepa comunicarse sin importarle en qué lugar se encuentre entre la calma y la calamidad, y que lo escuchas sin importar su forma de comunicarse, podrá empezar a comprender todas las facetas de la comunicación, incluidas las que van más allá del mero vocabulario.

Las primeras palabras típicas y pequeñas frases de la infancia parecen muy simples a primera vista. Tú quieres que tu hijo diga "mamá" y "perrito", luego "quiero zumo" y "¿puedo jugar?" o "te quiero", pero cuánto encierran estas simples frases. El habla (la capacidad física de producir sonidos vocales) sólo es el componente inicial del lenguaje (poner las palabras juntas de forma que les transmita un significado a los demás). El lenguaje por sí solo no crea una conversación (establecer contacto social con otras personas usando la comunicación verbal y no-verbal). Cuando era bebé, tu hijo manifestaba sus necesidades y estado de ánimo de forma noverbal. La mayoría de los niños empiezan pronunciado palabras y luego a unirlas para formar frases y oraciones. A medida que crecen, su lenguaje se convierte en algo más que una herramienta para etiquetar cosas, sentimientos y acciones. Se convierte en un medio para expresar sus pensamientos y emociones, e interactuar con los demás. El uso social del lenguaje, denominado pragmático, es la combinación sinérgica de palabras, gestos, expresiones faciales y comprensión social que usamos, a menudo de forma inconsciente o instintiva, para comunicarnos los unos con los otros. En cualquiera o en muchos momentos de su línea temporal de desarrollo, el autismo puede obstaculizarle a tu hijo el desarrollo y la comprensión de estas herramientas y cómo funcionan para conectarnos o separarnos. En el capítulo ocho, exploraremos los aspectos sociales de la conversación, y en todo lo que hay más allá de las palabras que nos ayuda a relacionarnos con los demás.

Nunca olvidaré cómo las primeras dificultades de Bryce con el habla desafiaron sus esfuerzos por socializar, afectaron su salud emocional y oscurecieron sus capacidades cognitivas. Por suerte, ocurrieron dos cosas a la vez que me tranquilizaron lo suficiente como para poder retroceder y permitirle superar su ecolalia a su manera y a su propio ritmo. La primera, leí un artículo de un autista de veinte años que se estaba abriendo camino con éxito en una carrera universitaria de cuatro años. Describía cómo todavía empleaba la ecolalia en su comunicación social cotidiana, y que sólo él lo sabía. Entonces, pensé, *¡uh!, quizás el estrés que estoy cosechando con este tema no sea justificado.*

La segunda, llamé al especialista en autismo de nuestro distrito y él me dio un consejo memorable y sabio: "Sé que quieres acabar con esto, pero no intentes rodearlo. Atraviésalo. Te prometo que no durará para siempre. Dale el tiempo que necesite para superarlo." Alentada por ese consejo, fui capaz de dar un paso atrás y ver cómo a mi hijo y a otros compañeros como él les gustaba usar la ecolalia de varias maneras interactivas y funcionales. La usaban para:

- Mantener conversaciones recíprocas, responder cuando sabe que se espera un intercambio.

- Pedir o solicitar algo, ya sea un objeto o la atención de alguien.

- Ofrecer información u opinión.

- Protestar o negar las acciones o solicitudes de otros.

- Dar instrucciones o directrices.

- Poner un nombre o una etiqueta a un artículo, actividad o lugar.

Aunque en aquel tiempo yo no conocía la palabra para ello, Bryce era un aprendiz Gestalt. Esta es una palabra alemana que significa total o completo. Los aprendices gestálticos toman las experiencias como una sola pieza, sin ser capaces de ver los componentes individuales. Muchos niños autistas aprenden el lenguaje de esa forma, absorbiéndolo en trozos, más que como palabras individuales. En contraposición a la Gestalt, llamamos analítico al aprendizaje palabra por palabra. Puede parecer que los aprendices del lenguaje analítico fueran más típicos entre la población que los gestálticos. De hecho, muchos niños con autismo, en especial los Asperger, son aprendices analíticos que pueden asociar fácilmente un significado con palabras individuales. Tanto el analítico como el gestáltico son estilos de aprendizaje legítimos ("normales").

Un terapeuta del habla puede guiar a tu hijo con la ecolalia y otras partes del desarrollo del lenguaje y la comunicación, incluido el proceso de aprender a separar "Gestalt" y reconstruir las piezas más pequeñas en un discurso espontáneo. Cada niño tiene un único patrón de respuesta. No hay un calendario correcto, y a veces el progreso puede parecer regresión. Si tu hijo escupe largos y elocuentes diálogos de películas, puede que su aprendizaje para generar frases simples de su propia invención te puedan sonar temporalmente como las de un niño pequeño, pero no es así. Es un desarrollo sano del lenguaje. Recuerda que producir palabras es parte de ese desarrollo. Comprender lo que se dice, el contexto, los matices, el uso del lenguaje figurativo, a menudo desconcertante, es una tarea mucho más larga. Desgraciadamente, la mayoría de la comunicación que tiene lugar en el entorno escolar asume que todos los niños tienen un cerebro social básico que les permite interpretar todos los aspectos del lenguaje. Esto no es cierto para los niños con autismo que, una vez superado el obstáculo de producir palabras, continuarán luchando con ello si no reciben guía específica y continuada de un profesional y de los padres.

Como alumno de cuarto grado, Bryce tuvo que pasar la ronda normal de pruebas estándar del tercer lapso, y sus resultados determinaron que su vocabulario era muy deficiente. Eso me dejó estupefacta. Si a los cuatro años ya pronunciaba frases de tres palabras y a los seis el noventa por ciento de su habla era ecolálica, y me asombró su éxito en la oratoria a la edad de diez años que incluía hablar con facilidad delante de grupos. De modo que, pedí ver el material de la prueba y, entre otras cosas, había "identificado incorrectamente" las palabras cactus y violín, eso me sacó de mis casillas. Esas palabras representaban cosas que él casi nunca encontraría en su vida diaria, en sus libros o en sus películas. Y había identificado bien el contexto, identificando el cactus como "planta del desierto" y al violín como un "reproductor de música." La rigidez de las pruebas me enfureció, pero hizo que me diera cuenta de que, al escucharle y responderle, yo había descodificado automáticamente el lenguaje irregular tanto en su habla espontánea como en la ecolálica. No quería pasar mi tiempo de conversación con él corrigiendo la gramática y la sintaxis, así que hacía una traducción mental y continuaba intercambiando pensamientos con él de forma ininterrumpida.

En un sentido, estaba haciendo lo correcto, validando su forma de comunicación funcional y, con ello, la imagen de sí mismo. Pero tomé los resultados de la prueba como una llamada de atención de la necesidad de alimentar más el lenguaje cotidiano, así como comprobar su comprensión tanto de las palabras habladas como de las escritas. Por ejemplo, encontramos este párrafo en un cuento: "Le arrancó el bolso que llevaba en las manos." Bryce se quedó en blanco, así que nos detuvimos y repasamos las palabras arrancar, llevar y bolso. "¡Oh!", me dijo con exasperación. "¡Él le robó el bolso! ¿Por qué no puede decir simplemente eso?." Le robó el bolso. ¡Él le robó el bolso!." Eso dio lugar a una discusión sobre la forma en que las palabras, así como los colores, tienen muchos "matices" y cómo, al variar nuestras palabras, podemos darle color a una historia. Nos divertimos encontrando una larga y cómica lista de decir grande: enorme, gigante, inmenso, colosal, etc ... Fue un momento de iluminación para ambos. Él no había pensado en las palabras de esa forma y yo no había pensado en ofrecérselas así.

Eso reforzó una de las primeras y más elementales señales de advertencia que nos había dado el terapeuta del habla de Bryce: que nos esforzáramos por mantener un entorno rico en lenguaje a su alrededor. Un niño que no se exponga frecuentemente a la conversación de otra gente, tardará mucho más en desarrollar el lenguaje. Particularmente, si tu hijo está en un aula de educación especial, puede que no esté muy expuesto a la forma típica del desarrollo del habla infantil. Además de usar refuerzos visuales para nuestros hijos (trataremos este tema en el capítulo seis), debemos rodearlos de palabras y lenguaje. Estas son algunas de las incontables formas de hacerlo:

- Expresa tus pensamientos en voz alta, verbaliza lo que estás haciendo y el porqué.

- Reconoce a tu hijo cada vez que te hable o intente comunicarse de cualquier otra forma, independientemente de si lo has entendido o no.

- Léele.

- Cuéntale cuentos.

- Cántale. Cantar es hablar, así que, si tu hijo aprende canciones fácilmente, aprovecha eso para aumentar sus habilidades con el lenguaje. Habla sobre cualquier palabra nueva en la canción que no haya entendido.

- Al leer o cantar, distingue las palabras sin sentido de las verdaderas.

Poner a tu hijo en la situación de tener que responder con palabras o entablar conversaciones puede ser muy estresante, así que ayúdalo a aliviar esa ansiedad de ejecución, estableciendo parámetros manejables de intercambios verbales. Prueba con la regla de dos minutos/dos minutos: dile que te gustaría escuchar cómo ha ido su día en la escuela, que te hable de su juguete o libro favorito, del perro o de cualquier tema que le interese. Si está dispuesto, dale dos minutos para ordenar sus pensamientos y luego obsérvalo, escucha y respóndele durante dos minutos. En las conversaciones en familia aprende a hacer pausas para responder a sus inquietudes. Muchas familias hablan y bromean a un ritmo tan rápido que el niño con autismo es incapaz de seguirlos. Para ralentizar el ritmo general de intercambios y darle a tu hijo una oportunidad de participar, espera unos segundos antes de responder.

"Utiliza tus propias palabras." Cuando empujas a tu hijo o alumno hacia la comunicación verbal, ¿cuántas veces les has pedido que haga eso, y con cuántas inflexiones diferentes? Un día lo animas engatusándolo amablemente, al día siguiente eres severo con un toque de frustración, y otro día cansado y suplicante. Puede que todas las palabras que sabe tu hijo no sean suficientes para dar a conocer sus necesidades, deseos, pensamientos e ideas. Puede que haya aprendido una palabra, pero decirla requiere capas añadidas de procesamiento y habilidades. Articular sus pensamientos y sentimientos puede ser fácil un día e imposible al siguiente, cuando los problemas sensoriales se amplían e interfieren, o cuando tus expectativas de que mantenga cierto comportamiento agotan toda la energía que puede reunir. ¿Crees que sabes cómo se siente estar forzado a realizar varias tareas bajo presión? La lista de tu hijo o alumno incluye tratar de autorregular múltiples sentidos hiper o hipoactivos de forma simultánea, interceptar e interpretar pistas y señales visuales y auditivas que flotan a su alrededor, utilizar la observación e interpretación social para solucionar el problema de qué decir y hacer, y luego también producir el lenguaje. "Utiliza tus propias palabras" es un objetivo digno, muchas culturas consideran que el habla es el dispositivo de comunicación definitivo, portátil, autónomo, todo terreno y útil a cualquier hora y en todas las condiciones meteorológicas. Pero en el camino hacia lograr cualquier grado de este objetivo, es imprescindible que reconozcamos y les facilitemos a nuestros hijos o alumnos todos sus intentos de comunicación, sea cual sea la forma de mensaje que usen.

Reconoce y acepta que todos esos intentos que no incluyen palabras, que proceden del comportamiento o del silencio, son ricos en comunicación. Ninguno de nosotros pasa por la vida sin nuestros momentos de "quedarnos sin palabras." Así que, cuando un niño se quede sin palabras, acepta su comportamiento como un intento de comunicarse de la única forma en que puede hacerlo en ese momento. Del mismo modo, el silencio de un niño puede ser una forma elocuente de comunicación. Considera la orden: "¡Contéstame!", a menudo pronunciada de forma frustrante, exasperante o furiosa, cuando la respuesta de un niño no llega con las palabras y en la forma que esperamos. Cuando el silencio es la única respuesta, ten en cuenta las muchas perspectivas posibles que el niño puede albergar, pero no puede articular:

- No te entendí. Inténtalo de otra forma.

- Tus palabras me hieren.

- Me hiciste enfadar.

- No tengo respuesta.

- Me juzgaste mal.

- Me enseñaste a ignorar a la gente que me habla de forma irrespetuosa.

Adquirir la práctica de comunicarte con tu hijo en su longitud de onda personalizada es una excelente preparación para los años de la adolescencia, cuando tu hijo te muestres comportamientos típicos de adolescentes, junto con otros influenciados por su autismo. A partir de ahora, escucha todo lo que tu hijo quiera decirte, en cualquier forma que lo haga. Míralo cuando habla o intenta comunicarse contigo de otra forma y contéstale cada vez de una forma que tenga sentido para él. Establecer este intercambio recíproco (él te escucha, tú lo escuchas) le da confianza en el valor de su mensaje, cualquiera que este sea y de la forma que sea expresado. Esa confianza se convertirá en la motivación que lo empujará más allá de las respuestas concretas a ofrecimientos espontáneos, y a iniciar una conversación reflexiva y llena de sentido, algo que anhelan tanto los padres como los profesores de niños con problemas del lenguaje.

Y después de invertir tanto esfuerzo sincero y gratitud por ayudar a tu hijo a encontrar sus propias palabras, puede que te encuentres con que una gran ironía del siglo XXI se cuela para tenderte una emboscada. Sin una atención continua, ese entorno rico en lenguaje puede esfumarse, desapareciendo en los abismos de los cambios que se producen en la tecnología y la cultura. Incluso cuando nuestros hijos alcanzan la capacidad de hablar, el habla recíproca, de cualquier duración, puede ser una habilidad aprendida que cueste mucho ganar. El componente esencial de toda habilidad aprendida es la práctica, práctica y más práctica. Por eso, durante una mañana cotidiana de diligencias por hacer, me di cuenta de una triste realidad, una razón conmovedora y preocupante de por qué la conversación recíproca sigue siendo un reto para nuestros hijos: ya no hablamos con la gente de nuestra comunidad más cercana. Esa mañana fue un potente ejemplo. Saqué dinero en efectivo de un cajero automático; no hablé con nadie que estuviera en la ventanilla de un banco. Escaneé mis compras en el mostrador de autoservicio; no hablé con ningún cajero. Nuestra biblioteca tiene una caja automática; no tuve que hablar con el dependiente. Envié un paquete por correo en el Centro Postal Automatizado sin tener que hablar con un agente. Había pasado al menos por media docena de lo que, hace no tanto tiempo, habrían sido oportunidades de interacciones humanas. El editor del *Wall Street Journal*, Les Hinton, ha sido citado diciendo que el recurso más escaso del siglo XXI, "después del agua y la comida y todo eso", será la atención humana.

¿Un entorno rico en lenguaje? Más bien en un paisaje con lenguaje agotado.

La automatización, la comunicación electrónica y las redes sociales ocupan un inmutable y legítimo lugar en nuestra cultura. Pero si valoramos la estimulación, la alegría y la funcionalidad de la comunicación recíproca, es decir, la conversación, debemos enseñarles a nuestros hijos, con el ejemplo, a salir de detrás de las pantallas de su ordenador y tabletas y de los auriculares, y practicar el hablar con los demás. El consejo de nuestro terapeuta del habla de crear un entorno rico en lenguaje llegó en un momento en que este todavía no había sido desplazado por la electrónica, cuando conversar incluía inflexiones vocales, expresiones faciales y lenguaje corporal, como Skype sin pantalla. De los muchos conflictos padre-hijo adolescente a los que mi marido y yo esperábamos enfrentarnos, nunca soñamos que nos consideraran contraculturales porque queríamos que nuestros hijos hablaran con otros seres humanos.

Tarde o temprano, nuestros hijos tendrán que hablar con la gente de su comunidad, ya que algunas relaciones no pueden quedar relegadas a una pantalla: el médico, el dentista, el conductor de autobús, el peluquero, la azafata, el policía, el bombero, el clérigo, el salvavidas, el profesor de piano, el entrenador, el abogado, el juez. Eso sucederá si ayudamos a nuestros hijos a expandir sus habilidades de comunicación respetando sus habilidades actuales, y ofreciéndoles una variedad de formas para transmitir sus deseos, necesidades, pensamientos, sentimientos e ideas en cualquier circunstancia. Entonces habremos abierto una puerta a un lugar donde puedan experimentar la conversación como camaradería y no como combate, a un lugar donde la comunicación genuina nos conecta a todos.

Capítulo Seis

¡Observa esto! Me oriento de forma visual.

Muéstrame cómo hacer algo en lugar de limitarte a decírmelo. Puede que necesite que me lo enseñes varias veces y en más de una forma.

Los gráficos con dibujos y palabras, horarios, recordatorios y otras instrucciones visuales me ayudan a avanzar a lo largo del día. Me evitan el estrés de tener que recordar lo que viene a continuación. Cuando puedo ver algo, me ayuda a recordar qué hacer y cuándo hacerlo, eso me ayuda a mantener mi cerebro organizado, lo cual me ayuda a calmarme. De esa manera, puedo pasar fácilmente de una actividad a la siguiente, y hacer mejor lo que se espera de mí.

Necesito ver algo para aprenderlo, ya que las cosas que me dices son como humo. Las palabras se evaporan al instante, antes de tener la oportunidad de darles sentido. Las instrucciones y la información que se me presenta de forma visual pueden permanecer delante de mí tanto como lo necesite y seguirán siendo las mismas cuando vuelva a verlas más tarde.

Una de mis valientes chicas favoritas es Eliza Doolittle, de *My Fair Lady* (mi Bella dama, en español), un personaje creado como un experimento lingüístico que respiraba y andaba. Es imposible ignorarla de muchas formas, pero nunca tanto como en la canción *Enséñame*, donde amonestaba a su amante con un "¡Palabras, palabras, palabras! ¡Estoy harta de palabras!" seguido de "¡No me hagas perder el tiempo, enséñame!."

Muchos niños autistas compartirían sus sentimientos.

Las señales visuales no son una escasa novedad o una "adaptación especial." Si usas cualquier clase de calendario o un dispositivo de planificación (electrónico o de papel) o haces una lista de tareas pendientes y la pegas en tu escritorio o pared, estás usando un soporte visual. Las aplicaciones, los mapas, los menús, los espejos, los videos, las cámaras y los relojes que usas diariamente, todos son soportes visuales. El lenguaje de signos, he visto que lo llaman lenguaje de manos, es una forma altamente desarrollada de comunicación visual que incluye la expresión facial y el lenguaje corporal de una forma similar a cómo el volumen vocal y la inflexión realzan el significado del lenguaje hablado. El semáforo utiliza señales luminosas en vez de palabras y letras para comunicarse visualmente a distancia. Ve a un partido de béisbol y observa

La habilidad para comunicarse, recibir, expresar y hacerse oír, es fundamental para el sano funcionamiento general de tu hijo, y de cualquier persona.

como el entrenador de tercera base se frota el antebrazo, agarra su cinturón y se golpea el pecho. No está actuando para una película de Jane Goodall, está diciéndole a su corredor de base que se quede quieto a menos que la bola salte al campo derecho poco profundo. Todos estos modos de interfaz utilizan algo distinto a las palabras habladas para conseguir una comunicación funcional.

Tu hijo o alumno puede tener una profunda necesidad de estímulos visuales. Muchos individuos con autismo piensan en imágenes, no en palabras. Su lenguaje primario es pictórico, no verbal. Un niño puede tener un mínimo lenguaje expresivo hablado, pero ¿somos tan arrogantes o superficiales como para pensar que eso significa que no tiene pensamientos, preferencias, opiniones, ideas o creencias, o que no tiene nada que decir? ¿Acaso el árbol que cae en el bosque no emite sonido alguno porque no hay nadie a su alrededor que pueda oírlo? Es absurdo. Es posible que tu hijo o alumno esté traduciendo sus experiencias de la vida en imágenes en su cabeza. Si es así, se trata de un lenguaje no menos legítimo que el que usas tú, y es al que debes adaptarte si quieres llegar a él y enseñarle de una forma significativa que conduzca a resultados también significativos.

La Dra. Temple Grandin dio a conocer al mundo su orientación visual en su libro escrito en 1996 titulado *Thinking in Pictures* (*Pensar en imágenes*) que empieza así:

"Yo pienso en imágenes. Para mí las palabras son un segundo idioma. Yo traduzco las palabras habladas y escritas en películas a todo color y con sonido, y transcurren como una cinta de video en mi cabeza. Cuando alguien me habla, traduzco instantáneamente sus palabras en imágenes. A los que piensan en lenguaje a menudo les cuesta entender este fenómeno."

Tal como dije en el capítulo cinco, la habilidad para comunicarse, recibir, expresar y hacerse oír, es fundamental para el sano funcionamiento general de tu hijo, y de cualquier persona. Sin un medio de comunicación eficaz, un niño que se orienta visualmente (cuadriculado), que continuamente se ve presionado en un mundo que se orienta hacia el habla (agujero redondo), está destinado a sentirse raro, asediado, abrumado y superado en número. ¿Qué otra cosa puede hacer si no es retirarse?

Una de las primeras herramientas sugeridas por tu equipo del colegio o que encuentras por ti mismo es crear un esquema u otra estrategia visual que ayude a tu hijo a desenvolverse en su jornada escolar o en su rutina familiar. ¿Por qué? Porque:

- Proporciona la estructura y previsibilidad esenciales para los niños autistas. Saber lo que va a pasar a continuación les permite centrase en la tarea o actividad que tienen entre manos, sin la ansiedad de preocuparse por lo que viene a continuación y cuándo.

- Sirve como piedra de toque, una fuente constante de información que le permite confiar en que los acontecimientos se desarrollarán de forma lógica y que podrá sentirse seguro en esa rutina.

- Refuerza su estrategia de "primero/luego", para llevar a cabo las tareas menos divertidas. "Primero terminas ocho problemas de matemáticas y luego puedes tener cinco minutos de tiempo libre", le ayuda a sentirse motivado, en vez de caer en el evitar o la procrastinación.

- Aumenta su capacidad de efectuar tareas de forma autónoma y pasar de una actividad a otra de forma independiente.

- Puede ayudarle a suavizar la rigidez de pensamiento y la inflexibilidad que frecuentemente caracterizan al autismo. A medida que crece la confianza del niño en su independencia, puedes insertar cambios en el esquema, en forma de actividades variadas o un signo de interrogación que indique una actividad sorpresa.

- Puede incorporar la capacidad de construcción social. El esquema puede incluir un tiempo de cinco minutos para "jugar o leer con un compañero" o "decir adiós con la mano y en voz alta a tres personas."

Todo esto construye y fortalece la capacidad de tu hijo o alumno para comprender y esforzarse por cumplir las expectativas de los que están a su alrededor (asumiendo que esas expectativas son razonables y que se pueden lograr teniendo en cuenta su etapa actual de desarrollo).

No todos los esquemas visuales son iguales, como tampoco la mayoría de los calendarios. El elemento común es su naturaleza secuencial, pero más allá de eso, el tamaño, estilo de representación, portabilidad y longitud, varían de forma infinita.

Empleamos el primer esquema visual de Bryce cuando entró en preescolar, mucho antes de la conveniencia y flexibilidad que ofrecen los dispositivos electrónicos y las aplicaciones. Usamos un sistema de sencillos dibujos en línea para representar las actividades secuenciales de su rutina diaria: levantarse, tomar el desayuno, vestirse, cepillarse los dientes, subir al autobús. Después de enseñarle el esquema, le enseñamos a utilizarlo y lo recorrimos con él durante unos días. Bryce hizo cada tarea de forma independiente, pero nunca pareció interesado en el sistema de dibujo ni mostraba interés alguno en ampliarlo. Un año más tarde, descubrimos que Bryce no se relacionaba con las ilustraciones, pegar figuritas no tenía sentido para él, ni quería saber nada de ilustraciones divertidas o abstractas. Le gustaban las imágenes concretas, las fotografías. Se entusiasmaba cuando le presentaba historias o instrucciones con fotografías.

Ya sea electrónicamente, en papel o por otro medio, el primer paso para crear una estrategia de comunicación visual eficaz es identificar el nivel de representación de tu hijo o alumno. Se trata de una conversación divertida para determinar qué tipo de material visual tiene significado para él. Bryce necesitaba fotos, pero otro niño puede necesitar que le peguen figuritas, lápices de colores o arte a todo color. Los niños que tienen un alto grado de pensamiento concreto pueden necesitar empezar con el nivel más básico de un objeto físico. A medida que el niño crece y sus habilidades de comunicación se amplían, puede combinar palabras con dibujos y, algún día, quizá sean sólo palabras (entonces será una "lista de cosas por hacer"). Estar atento a la modificación a medida que el niño crece y aprende es un elemento clave para la eficacia de los soportes visuales, pues esto garantiza que continúan siendo útiles en una forma que no inviten al ridículo ni al ostracismo. Considera también cómo tu hijo sigue mejor la información. No des por sentado que es de izquierda a derecha, puede que para él sea mejor de arriba a abajo. Un terapeuta ocupacional puede ayudarte a determinar esto. ¿Cuántos incrementos deberían aparecer juntos en un esquema o página? No lo abrumes o agobies, empieza con dos o tres y ve aumentando a partir de allí.

Las estrategias visuales no son cosas que tengan que eliminarse a medida que tu hijo se vuelve progresivamente más independiente. Son herramientas para toda la vida que fomentan la organización, la gestión del tiempo, la flexibilidad, la iniciativa y una serie de otras habilidades de funcionamiento ejecutivo necesarias para ser autosuficiente. Con el tiempo, sigo enfrentándome con leves recordatorios de que un esquema visual es más que una tira de figuritas pegadas linealmente que usamos para ayudar a Bryce a estar preparado para el preescolar. El nivel de representación y sofisticación puede aumentar con los años, pero no la necesidad ni la estabilidad que proporciona y el estrés que libera. Es lo que mantiene trabajando a los impresores de calendarios y a los diseñadores de aplicaciones. A veces, oigo a algunos que dicen que los soportes visuales para niños con autismo son una "muleta," lo cual, perdónenme, suele sonar a "no quiero hacer el esfuerzo de proporcionar eso." Publiqué un meme acerca de esto y un adulto autista contestó: "Las muletas son herramientas tan valiosas que ayudan a la gente a mantener la movilidad cuando, de otro modo, no podrían ser capaces de desplazarse."

Durante las primeras semanas de la escuela secundaria, en un nuevo edificio lleno de profesores nuevos y de nuevas caras, Bryce tuvo que hacer frente a un reto formidable. La escuela al aire libre era un programa popular en nuestro condado en el que los chicos de sexto grado iban a campamentos locales durante una semana para aprender sobre ecosistemas autóctonos. Era un programa fantástico, pero que planteaba muchas preguntas tanto para mí como para Bryce. Nunca había pasado cinco noches fuera de casa sin su familia. Estaría bajo la supervisión de dos profesores que lo conocían desde hacía menos de seis semanas, y del resto del personal del campamento que no lo conocía de nada. Tendría que tolerar una rutina no familiar, un tiempo impredecible, dormir y comer con niños a los que no conocía y, quizá lo peor de todo, la comida del campamento.

Aunque tanto el personal del colegio como el del campamento me aseguraron que harían todos los arreglos que fueran necesarios, Bryce no estaba seguro de querer ir, cambiaba de parecer de hora en hora. Condujimos hacia el campamento para visitarlo y permaneció en silencio. Inspeccionó el comedor que estaba seguro sería una fuente de miseria, pero ... espera, ¡una chispa de interés! En la pared, cerca de una puerta más grande que la vida, colgaba el programa diario: 6:45 levantarse, 7:15 bandera, 7:30 desayuno, 10:30 estudios de la vida salvaje, 11:15 comida, etc. hasta las 6:30 hoguera en el campamento. Todo el día estaba señalado en incrementos manejables.

"¿Alguien hará una copia de esto para mí?", preguntó.

El personal alegremente le hizo un programa del tamaño de la palma de la mano, colgado en un cordón. El cocinero jefe nos dio un programa de las comidas, de forma que pudiera saber cuándo comería la del campamento y cuando pediría su propia comida que enviaría con él.

El profesor de Bryce dijo que, teniendo estos dos programas visuales que consultaba frecuentemente, se había adaptado con facilidad. Los programas visuales le dieron previsibilidad y una rutina concreta que convirtió el exótico e intimidante lugar en algo no sólo gestionable, sino también divertido. Bryce organizó y dirigió la representación de su cabaña, una parodia de la rutina de inspección matutina. En la última hoguera de campamento hizo llorar al profesor cuando habló sobre sentirse inseguro cuando llegó, pero que durante la semana había hecho nuevos amigos. Llevó el mismo par de calcetines toda la semana e ignoró los otros cinco que había en su mochila. Tuvo una experiencia típica de escuela al aire libre y pasó el resto del año contándole a todos los que le preguntaban que esa había sido la mejor parte del sexto grado.

Para que la enseñanza sea eficaz, debes hacerte oír, y muchos niños con autismo oyen mejor con imágenes. Además, reconoce que lo que sucede entre las palabras y la imagen es traducción y enseñanza. El hecho de que un niño sea un aprendiz que se orienta visualmente, no significa que automáticamente sepa usar un soporte visual si lo único que haces es enseñárselo. Necesitarás enseñarle cómo, cuándo y porqué usarlo. Puede que tengas que ralentizar tu ritmo normal de comunicación hablada para permitir que suceda este proceso. Dale un tiempo para responder, no repitas las mismas instrucciones una y otra vez si no las está recibiendo. "¡Por favor, no me lo expliques!", regañó Eliza Doolittle. "¡Enséñame!"

El éxito que tu hijo logre con la ayuda de sus soportes visuales puede dejarte suspirando de alivio y satisfacción, pensando: "No sé qué haríamos sin ellos." Esa es tu señal para dar pasos que te aseguren que nunca tendrás que descubrirlo. Necesitas copias de seguridad o planes y herramientas de contingencia, porque los dispositivos electrónicos fallan, pierden archivos de forma misteriosa, se quedan sin energía en el peor momento, se pierden o los roban, pasan por la lavandería, o caen en la bañera o el inodoro. Los soportes que no son electrónicos no están menos expuestos a sufrir daño físico o pérdida. Tener a mano un plan B para cuando el soporte primario falla es tan importante como tener esos soportes primarios. Soy muy precavida en este aspecto, llevo tanto calendarios electrónicos como de papel, sabiendo que alguna vez durante el año, por motivos de portabilidad (las tabletas u otros dispositivos electrónicos no habrían sido una opción bajo la lluvia torrencial en la escuela al aire libre), referencias cruzadas o "dónde diablos dejé el maldito teléfono", estaré contenta de haberlo hecho.

Para muchos niños autistas, las señales visuales cobran sentido cuando las palabras escritas u orales no lo tienen. Imagínalo así: las imágenes son el poderoso medio que organiza y explica el mundo de tu hijo, doma su estrés y le proporciona guía y límites comprensibles, ¿lo captas? Míralo a su manera, enséñale de forma que tenga sentido para él. De ese modo, la vida se vuelve menos una batalla y él necesita menos ser un guerrero. Sólo va, observa y conquista.

Capítulo Siete

Construye y céntrate en lo que puedo hacer
y no en lo que no puedo hacer.

No puedo aprender si siempre me hacen sentir que no soy
lo suficientemente bueno y que necesito que me corrijan
todo el tiempo. No quiero intentar nada nuevo cuando
estoy seguro de que todo lo que oiré es que lo hice mal,
sin importar lo mucho que creas que lo dices amablemente.
Me estoy esforzando mucho.

Busca mis fortalezas y las encontrarás. Hay más de una
manera correcta de hacer la mayoría de las cosas.

C uando mi hermano leyó por primera vez *Diez cosas* comentó: "El capítulo número siete es válido para todos los niños." Tiene razón, y yo lo extendería a todas las personas, no sólo a los niños, ni sólo a los que tienen autismo.

Aun así, muchas familias y educadores caen sin querer en el pantano de expectativas insatisfechas. Ahí es donde el potencial de un niño muere, si nosotros, como adultos, no logramos separar nuestras aspiraciones personales de las que son adecuadas para nuestro niño.

La profesora de Educación Física Adaptada, Sarah Spella, lo ve siempre. "Los padres entran en un proceso de duelo", dice. "Su hijo no será de la forma que espera que sea, y su actitud representa un obstáculo enorme para el niño. Veo muchos casos en los que los padres hacen mucho entrenamiento físico y deporte. Sus elevadas expectativas en esta área pueden hacer que el niño quede totalmente fuera de las verdaderas cosas que sus padres quieren que sea. Trabajo con esos niños cada semana, y a ellos no les preocupa para nada la educación física. Pueden tener las mismas habilidades de sus compañeros con un desarrollo típico", explica, "pero ellos las procesan de forma distinta, y todo eso no significa nada sin un sistema de creencias detrás. Puedo decirles durante años: "Sé que puedes hacerlo." Pero si ellos no tienen el apoyo total de sus padres, sólo queda lo que yo puedo hacer en treinta minutos a la semana."

Cada uno de nosotros es una mezcla única de capacidades y disca-pacidades. Tal como lo decía George Carlin: "Barry Bonds no sabe tocar el violoncello y YoYo Ma no sabe golpear la bola." Mi marido no puede escribir libros y yo no puedo hacer los cálculos de ingeniería de sistemas de ventilación industrial. Nunca discutimos eso; somos felices sabiendo que nuestras capacidades y habilidades diferentes significan que cada uno tiene un lugar constructivo en el mundo.

He leído muchos correos electrónicos y tristes historias que hacen eco del lamento de "no puedo" de los padres, pero que tienen potencial para un final feliz. "Cuatro generaciones de Anderson han tocado el violín, y ni siquiera consigo que mire uno." ¡En serio! ¿Hay algún instrumento musical más infernal sensorialmente que un violín? Imagina el sonido chirriante que produce ese instrumento en las manos de un aprendiz nuevo, las cuerdas que muerden sus tiernos dedos y la sensación de tener una

> **Ser capaz de centrarte y construir aquello que tu hijo puede hacer en vez de lo que no puede hacer es cuestión de perspectiva.**

caja vibratoria puesta de forma extraña bajo su barbilla sudorosa, mientras sostiene ambos brazos en ángulos totalmente antinaturales. Hizo falta que alguien externo a la familia se diera cuenta de que el niño, aunque no estuviera inclinado a tocar el violín, sí tenía un talento natural para el golf, con un *swing* fácil y preciso. Espero que la familia aprovechara la oportunidad no sólo de aprender algo nuevo de su hijo, sino que también encontrara valiosa su capacidad.

Otra familia, apasionados esquiadores, aceptaron con tristeza que los problemas vestibulares de su hijo le hicieran aborrecer el esquí y el *snowboard*. Durante un verano en la playa, la madre notó que su hijo podía pasar horas desplazando montones de arena alrededor, examinándolos desde cada ángulo para hacer ajustes estructurales. Ese invierno le compró un juego de moldes de bloques de nieve (simples cajas de plástico) y se fue a construir iglús, fuertes y castillos. Su descubrimiento de lo que podía hacer en vez de lo que no podía, significó que la familia podía pasar tiempos juntos en la montaña, haciendo turnos rotatorios ("tiempo Andy") entre los miembros de la familia con los fuertes de nieve mientras los demás esquiaban. Finalmente, Andy se acostumbró lo suficiente a la nieve como para probar el tobogán suave y las raquetas de nieve.

Ser capaz de centrarte y construir aquello que tu hijo puede hacer en vez de lo que no puede hacer es cuestión de perspectiva. En capítulos anteriores del libro hemos hablado de replantear los comportamientos desafiantes de tu hijo como algo positivo. Vale la pena repetirlo. ¿El niño es distante o es capaz de trabajar de forma independiente? ¿Es temerario, o aventurero y está dispuesto a probar experiencias nuevas? ¿Es ordenado de forma compulsiva, o tiene habilidades organizativas excepcionales? ¿Oyes un acoso ininterrumpido de preguntas o más bien se trata de curiosidad, tenacidad y persistencia? Más adelante en este capítulo, hablaremos con más detalle de cómo la perspectiva que tienes de tu hijo y sus habilidades actuales afectan directamente su capacidad de crecer y convertirse en un adulto autosuficiente. Por ahora, te pregunto:

¿Puedes hacerlo? ¿Puedes cambiar la perspectiva y construir otra sobre todo lo positivo que hay en tu hijo?

¿Lo harás?

Mi padre estaba asombrado de "no haber conocido jamás un bebé más feliz" que Bryce, y añadió: "Y he estado alrededor de muchos bebés." Yo estaba de acuerdo. Bryce, un pequeñín dulce y plácido, iba conmigo a todas partes.

Lo inscribimos en un programa de preescolar dos mañanas a la semana cuando cumplió dos años. Aún no había terminado septiembre cuando la profesora nos informó que Bryce jugaba solo en un rincón, sus habilidades con el lenguaje estaban poco desarrolladas, no participaba en las actividades en la mesa y golpeaba y empujaba a sus compañeros. Me costó creerlo ya que eso iba totalmente en contra de lo que era su carácter. En la reunión de primavera, nada había cambiado. "Bryce normalmente juega solo" decía el informe. "Permanece quieto y observa a los demás niños. Le cuesta mucho seguir instrucciones. A Bryce no le gustan los proyectos de arte o las actividades de mesa. Emite palabras, pero nos cuesta mucho entenderlas. Imita a los demás niños. Bryce tiene poca capacidad de atención. No interactúa durante el rato que estamos en círculo."

Guau, pensé. *Esos son muchos "no puedo." Tiene dos años.*

Esto de no puede/no hace, continuó hasta el año siguiente. En las reuniones de padres de noviembre, educadamente interrumpí a la profesora para preguntarle si podíamos centrarnos en las cosas que Bryce sí podía hacer y hacía. Con esta solicitud, me enteré de que se entretenía durante largos periodos, que le gustaba el juego físico tanto en el interior como en el exterior, que buscaba un juego de mesa de arena y tenía un don para la imitación. Llegamos a la conclusión de que sus retrasos en el lenguaje interferirían substancialmente con su habilidad para formar parte de la comunidad de la clase. Pensé que podía hacer algo, y entramos en el mundo de la terapia del habla. Pronto consiguió juntar frases inteligibles de tres palabras en el colegio.

A pesar de mi petición de centrarnos en los "puede hacer" y buscar ayuda profesional, la situación general no mejoró. Llegó el informe de invierno, ya agotadoramente familiar: quiere interactuar con otros niños, pero no sabe cómo hacerlo, juega solo, le cuesta mucho escuchar en actividades de grupo. Sentí que era hora de

Una de las cosas más importantes que puedes hacer como padre es prestar atención a tu fuerte voz interior que te dice lo que es bueno para tu hijo.

parar ese círculo y pedí una reunión con los profesores y el director de la escuela. Después de volver a escuchar los mismos "no puede", tuvo lugar un delicado cambio en el que le pregunté a la profesora de forma llana y sin rodeos si quizá Bryce no le caía bien. Ella reaccionó como si le hubiera disparado y al instante me sentí fatal, pensando si había envenenado la productividad de la reunión. "Esa no es una pregunta legítima", dijo el director. "Usted tenía que preguntarlo." La respuesta fue que los profesores de Bryce lo querían, pero sus necesidades iban más allá de sus capacidades para manejarlas con los recursos del colegio. La reunión terminó con la decisión del director de derivarlo a los servicios públicos de Intervención temprana.

"¿Qué es eso?", pregunté, ya que nunca había oído el término "intervención temprana." ¿Qué estaba pasando?

"Son personas dispuesta a ayudar" dijo. Los profesores y terapeutas de Intervención temprana eran personas expertas en los "no puede." Continuamente me decían lo "divertido" que era Bryce (y por qué), lo lejos que creían que él podía llegar y cómo podíamos trazar el camino para conseguirlo. Se centraron en las fortalezas y en las tácticas de enseñanza y adaptaciones físicas que tenían para mejorar sus dificultades. Todos nos hicimos eco de ello, incluso Bryce.

Los primeros libros que leí sobre el tema del autismo contaban una historia diferente, una llena de suposiciones sombrías. No sería capaz de entablar relaciones, no se casaría, no sería capaz de conservar un trabajo, no entendería los matices del sistema legal o bancario o el sistema de autobuses. En aquellas páginas, en blanco y negro, habían desplegadas más negaciones que habían sido escritas por personas que, supuestamente, sabían más que yo. Me dije a mi misma que no estaba negando la realidad. Y ya, en lo más profundo del espacio entre la materia gris y el corazón, una vocecita intentaba hacerse oír. *No lo creas. No será cierto a menos que tú lo permitas.* Acababa de empezar, pero ya estaba harta de escuchar a los negativistas y sus coros de "no puede." Tenía todo que ganar y nada que perder si escuchaba el primer consejo que nuestro pediatra nos dio: "Confía en tu intuición. Sabes más de lo que crees que sabes." Con excepción de casarse, Bryce hizo todos esos "no puede" antes de los veinte años.

Una de las cosas más importantes que puedes hacer como padre es prestar atención a tu fuerte voz interior que te dice lo que es bueno para tu hijo. Ese cambio de perspectiva del "no puedo" al "no quiero" necesita salir de tu corazón y de tu cerebro. Te pide que consideres por igual lo que sientes o intuyes y lo que "sabes" o "piensas", que valores "lo basado en la evidencia" y "las mejores prácticas" frente al conjunto de pruebas que es el niño que tienes en tus brazos y ante tus ojos cada día. Nadie lo amará más que tú y nadie estará más involucrado en su futuro. Los tratamientos y las ideas más populares del momento pueden ser adecuadas para muchos niños, pero puede que no lo sean para el tuyo. A principios de 1990 se impuso una aproximación particular acerca del autismo. Leí sobre ella y la detesté, estaba segura al 200% de que no funcionaría con Bryce, y durante una reunión memorable en el colegio, les dije a esas personas de intervención temprana "expertos en no puede": "Háganle eso a mi hijo y los mato." Felizmente para mí, ellos ya habían decidido lo mismo (la profesora me dijo después que quería levantarse y aplaudir). La mayoría de ellos aún forma parte de mi vida, ahora son amigos muy queridos, y vaya que recuerdan esa conversación.

Construye y céntrate en lo que puedo hacer y no en lo que no puedo hacer.

Soy consciente de que quizás encuentres el párrafo anterior provocativo. Desde que escribí la primera edición de este libro, regularmente, y a veces de forma desagradable, me piden que revele el enfoque que tanto detesté y mi respuesta es siempre la misma. No voy a decir cuál era porque, si haces esa pregunta, es porque has perdido el punto. La conclusión de mi historia es que debes educarte a ti mismo acerca de los recursos disponibles y persigue sólo aquellos que tengan más sentido para tu hijo.

Mi actitud de "puede hacer" con Bryce se fue haciendo más fuerte a la vista de mis primeras confrontaciones con los "no puede." Eso no quiere decir que los mensajes de "no puede" que recibía acerca de él no me atemorizaran; desde luego que sí, pero también me retaban, me enfadaban y me hacían pensar: *¿Ah sí? Ya lo veremos.*

Si no tienes el hábito de centrarte de forma consciente en lo que tu hijo puede hacer, ¿cómo puedes empezar? Primero, reconoce que se trata de un cambio de mentalidad que te tomará tiempo y práctica. Segundo, busca indicaciones acerca del estilo de aprendizaje de tu hijo.

"¿No preguntes cuán listo es tu hijo, sino de qué forma es listo?", es el consejo de David Sousa, autor de *Cómo aprende el cerebro*. Generalmente, los niños con un desarrollo típico pueden aprender de varias formas. Los niños con autismo pueden favorecer un estilo de aprendizaje casi con exclusión de otros. Esto es lo que podría ocurrir:

Los aprendices secuenciales se benefician de instrucciones paso a paso, a menudo son excelentes en la memorización de rutinas y se les puede llamar maniáticos del orden (una frase sutilmente despectiva que debe eliminarse) ya que a ellos les gusta la organización visual.

Los aprendices gestálticos o globales asimilan la información en trozos, evaluando primero la imagen global, y luego dividiéndola en detalles.

Los aprendices naturalistas aprenden mejor en entornos naturales. Les gusta interactuar con los animales y el exterior, y pueden demostrar una habilidad inusual para clasificar, categorizar, organizar o conservar la información.

Los aprendices cinestésicos aprenden haciendo, buscando experimentar el mundo a través del movimiento. Son escaladores, corredores, bailarines, actores. Les gustan las manualidades y las herramientas.

Los aprendices espaciales son tus pequeños trabajadores de la construcción o jugadores de ajedrez. Le gusta planificar o construir y dibujar cosas que ven en su cabeza, y se relacionan bien con rompecabezas, mapas, cuadros y gráficos. Parecen tener una comprensión innata de conceptos de física y geometría, pero pueden ser malos en ortografía y en memorizar pasajes verbales.

Construye y céntrate en lo que puedo hacer y no en lo que no puedo hacer.

Los aprendices musicales perciben patrones en el sonido (ritmos, rimas, raps), guardan melodías en su cabeza y componen sus propias canciones como dispositivos mnemotécnicos. Muchos niños autistas que son hipersensibles al sonido y tienen retraso en sus habilidades verbales, pueden ser aprendices musicales.

Entender cómo tu hijo o alumno procesa la información abre las compuertas del aprendizaje. Serás capaz de guiarlo hacia el éxito en actividades dentro y fuera de la escuela mediante las que podrá experimentar la confianza en sí mismo necesaria para confrontar tareas o sucesos que lo desafíen. Serás más flexible y entusiasta en tu enfoque, y verás que su entusiasmo por aprender aumentará porque finalmente eso tendrá algún sentido para él.

Al hacerlo, debes desechar las tablas de crecimiento convencionales o típicas y los tiempos estipulados en los libros o en las consultas de médicos, gran parte de ello es irrelevante para tu hijo. Al empezar mi viaje, aprendí que uno de los distintivos del autismo es un desarrollo desigual. Uno de los primeros amigos de Bryce era un genio oceanográfico de cuatro años que había olvidado más sobre los hábitats de los arrecifes de coral y de la bioluminiscencia de lo que yo nunca sabré. Su madre me dijo que cambiaría todo eso por unos pocos momentos de conexión social y por una sonrisa como la de Bryce. Siendo ella una devota defensora y aprendiz, finalmente obtuvo ambas cosas.

Bryce realmente tiene una sonrisa brillante, pero las líneas de tiempo convencionales no han tenido ningún sentido para él en muchos aspectos. No habló con seguridad hasta que tuvo cuatro años y no leyó de forma segura hasta el cuarto grado. Le gustaban las piscinas, pero se aferraba a los laterales como un percebe rubio, rechazó firmemente las clases de natación hasta los ocho años cuando, con el profesor idóneo y la piscina adecuada, superó los seis niveles del programa de natación en tan sólo unos pocos meses. Sus instructores nos dijeron que la mayoría de los niños se estancan a un cierto nivel, a veces durante meses, antes de seguir adelante. Tal como había hecho con su desarrollo del lenguaje, Bryce aprendió a nadar de forma gestáltica: a grandes trozos, aunque con retrasos, en vez de hacerlo en una progresión más típica de pequeños pasos.

Ahora expresaré unas palabras acerca de nuestras responsabilidades y vulnerabilidades como padres, miembros de la familia y profesores acerca de los "puede hacer" versus los "no puede." Uno de los *posts* en Internet más angustiosos que he leído apareció en un sitio web cuyos miembros mantenían un animado debate acerca de mi libro *Diez cosas*. Una madre, que admitía sentirse "cansada y sarcástica", acabó un largo mensaje de "te quiero, pero" a su hija de esta forma: "¡Oh!, y Dios, si me estás oyendo, retiro lo que estúpidamente prometí cuando ella era pequeña y adorable y no me pegaba, acerca de no quererla de otra forma que como era. Aceptaré este intercambio ahora, por la niña que se suponía que era."

Cuando leí eso quería llorar y enfurecerme a la vez, porque estoy más que convencida de que su hija no le había pedido a Dios intercambiar a su madre por los padres que se suponía que tenían que ser. Llorar, por el mágico día a día que esta madre se perderá de su hija, por las oportunidades y logros ahogados en el caldo de la amargura. Y me enfureció la situación de perdedora en la que colocó a su hija, la injusticia de culpar al autismo incluso por aquellas cosas que su hija hace como los niños normales: "No le des almendras y trozos de Barbie al perro, no me gusta el desorden extra."

Empaticé con la fatiga aplastante de esta madre, a pesar de que la mayor parte de su *post* era sarcástico, y todavía pude encontrar elementos de esperanza que tenían el poder de cambiar toda la situación. Ella estaba preocupada por el futuro de su hija como adulta y quería disminuir el impacto del autismo de su hija sobre sus hermanos. Inscribió a su hija en terapias de habla y ocupacionales (aunque se refería a ellas como "torturas"); sopesó los pros y los contras de las medicaciones. Así que, aunque sus duras palabras me hicieron estremecer, espero que haya encontrado el camino para construir lo que tanto ella como su hija pueden hacer.

"Tanto si crees que puedes como si crees que no, probablemente estés en lo cierto." Esta frase es de Henry Ford, icono de la era industrial americana, y una persona que algunos piensan que ocupaba un lugar en el espectro autista. Se ha perdido un diagnóstico auténtico para la historia, pero este es menos importante que el mensaje: lo que decidas creer acerca del autismo de tu hijo podría ser el factor más importante de su éxito en su edad adulta.

Lo que elegimos creer no siempre es una verdad verificable, y aunque creamos profundamente en ello, no es prueba de su veracidad. Puedo creer con todo mi corazón que puedo volar por mis propios medios y meterme un piano de cola por la nariz, pero eso no hará que sea verdad. La mayor importancia reside en lo que escogemos creer cuando no existe una evidencia tangible, y cómo permitamos que esa elección dirija nuestras acciones.

Si caminas sobre arenas movedizas en el pantano de lo que podría haber sido, ten por seguro que ese es el mensaje que recibirá tu hijo. Eres una persona rara si el hecho de que constantemente te recuerden tus faltas te estimule a mejorar, para el resto de nosotros es un aplastador de autoestima.

Cuando les dan un diagnóstico de autismo, muchos padres sienten una urgencia abrumadora. Se apresuran a leer todo lo que cae en sus manos acerca del autismo, se unen a grupos de discusión en las redes con otros padres como locos y, a veces, la avalancha de información resulta abrumadora. Parte de ella te da coraje y te levanta el ánimo, pero otra te deprime y agota tu espíritu. Existen profesionales a los que consultar, programas de terapia y escuelas para ponerse en movimiento, medicamentos y dietas especiales a considerar, y preocupaciones sobre cómo pagar todo eso. Si dejas que esa avalancha de información nueva te sobrepase, te arriesgas a sufrir una sobredosis de las mismas herramientas que te ayudarán a superar el largo camino que tienes por delante, y se instaura la parálisis. Es real; sucede.

Esto es lo que puedes hacer. Adáptate a este nuevo desafío a un ritmo razonable, medido y sabiendo lo siguiente:

Tienes tiempo, mucho tiempo.

Tienes el día de hoy.

Tienes el día de mañana.

Tienes la semana que viene.

Tienes el mes que viene, el año que viene y muchos años más.

Cada año que pasa te trae nueva información y comprensión, para ti y para el campo de la medicina y la educación.

Desconéctate de los negacionistas. Mantén el rumbo. Los resultados llegarán.

Capítulo Ocho

Ayúdame a socializar.

Lo haces parecer fácil, pero ser "social" es muy difícil para mí. Lo que es obvio para ti no lo es para mí, es desconcertante y confuso. Puede parecer que no quiero jugar con otros niños en el parque, pero eso puede deberse a que no sé cómo participar o no puedo ser tan rápido para seguir sus ideas que cambian de minuto a minuto. Si me río cuando Emily se cae del tobogán, no es que crea que sea divertido, es que no sé qué decir. En el colegio, trabajar en grupo puede hacerme sentir incómodo, ya que me desenvuelvo mejor cuando trabajo solo.

No creas que porque soy listo entiendo lo que significa ser social. No puedo aprender sólo observando a los demás.

Se puede ser franco unos con otros en esto: los niños ubicados en cualquier punto del espectro, a menudo destacan como socialmente inadaptados, y la angustia que esto provoca, en el niño y en los padres, despierta en muchos padres una intensa necesidad de corregir esa faceta de su hijo. Si la competencia social fuera una función fisiológica, podríamos aplicar medicación, nutrición, ejercicio o terapia física y conseguirlo. Si los niños con autismo fueran curiosos, extrovertidos y motivados, podríamos cultivar la inteligencia social al estilo de los programas de estudios.

Con demasiada frecuencia, nuestros hijos no son así, y la conciencia social no es un juego de habilidades detalladas y concretas. Los modales básicos (por favor, gracias, sonarse la nariz con un pañuelo y no con la manga, esperar el turno) pueden y deben enseñarse, sin importar el nivel funcional del niño, pero aprender a sentirse a gusto entre los demás en medio del bullicio y los matices de la vida diaria es infinitamente más complejo. Piensa en todos los encuentros físicos y entornos sociales de tu vida diaria, cada uno tiene una red de comportamientos sociales dentro de la cual nos juzgamos unos a otros, y cada uno tiene sus propias reglas sociales que generalmente se conocen en un mayor o menor grado, pero que raramente se enseña.

A pesar de que lo que puedas leer o escuchar de fuentes y contactos tanto profesionales como personales, las habilidades sociales (comportamientos que queremos que muestren nuestros hijos) no son el producto final de lo que necesitamos enseñarles a nuestros hijos. El objetivo final de ayudar a nuestros hijos a desenvolverse en este mundo en constante cambio es que sean competentes socialmente, es decir, capaces de enfrentar cualquier situación social y saber qué decir, qué hacer y cómo manejarla interna y externamente. Centrarse en la competencia social en vez de en enseñarles habilidades sociales, es una perspectiva que los círculos terapéuticos y educativos están reconociendo y defienden debido al énfasis en la inteligencia socioemocional como factor determinante para que un niño tenga éxito en la vida. Tal como el director del colegio de Bryce les recalcaba a sus alumnos una y otra vez: "La falta de competencia social hará que te despidan de un trabajo más rápido que la falta de habilidades cognitivas o de inteligencia."

Debemos enseñarles a nuestros hijos a "pensar de forma social antes de que puedan actuar socialmente.

Romper el mundo sinergético de la inteligencia socioemocional no es fácil ni natural para muchos adultos, dado que la mayoría de nosotros la aprendió de forma intuitiva. Hoy en día tenemos libros y *blogs* orientados al éxito con temas como "aprender a trabajar en grupo" o "cuatro pasos para unirse a una conversación", y esta es exactamente el tipo de enseñanza que necesitan la mayoría de los niños autistas. Al igual que todos tuvimos que aprender a caminar antes de que pudiéramos correr, debemos enseñarles a nuestros hijos a "pensar de forma social" antes de que puedan actuar socialmente, y que lo hagan con comprensión y un propósito positivo, no como una mera repetición memorizada o por miedo a las consecuencias. Para ser un buen pensador social, tu hijo deberá enfrentarse al reto de tener que tomar en cuenta el contexto y la perspectiva de sus acciones: considerar los aspectos físicos, sociales y temporales de su entorno, tener en cuenta los pensamientos y sentimientos de los demás, usar la imaginación compartida para conectar con un compañero de juego, y comprender que los demás pueden tener pensamientos y reacciones, favorables o no hacia él, en función de lo que diga y haga en una situación determinada. La inteligencia socioemocional es la fuente de la que surge nuestro comportamiento y competencia social, y puede ser más determinante en el éxito a largo plazo en la vida de un niño que la inteligencia cognitiva.

> **La inteligencia socioemocional puede ser más determinante en el éxito a largo plazo en la vida de un niño que la inteligencia cognitiva.**

Padres o profesores, en casa o en la escuela, enseñarle a un niño con autismo a ser un pensador social, a observar y desenvolverse en una situación social, empieza por abandonar cualquier presunción que puedas albergar acerca de su capacidad de absorber la sensibilidad social simplemente estando cerca y observando a personas socialmente hábiles, o que, de alguna manera, algún día superará su despiste social. Algunos de los sistemas educativos actuales y las diversas normas que rigen su forma de funcionar, incorporan conceptos basados en lo social en sus planes de estudio.

Desgraciadamente, en el momento de escribir este libro, algunos todavía funcionan según la suposición errónea de que todos los niños llegan al mundo con un cerebro de procesamiento social intacto que opera según una supuesta progresión del desarrollo social. No tiene sentido (y es totalmente injusto para el niño) responder a los errores sociales de un niño basándose en tales presunciones y luego culpar a su autismo cuando nuestros intentos de enseñarle no calan en él. Lo que nuestros hijos necesitan es que cambiemos nuestra perspectiva y empecemos a construir su conciencia social desde la raíz.

Cuando decimos que queremos que nuestros hijos aprendan habilidades sociales, realmente estamos buscando algo más grandioso. Queremos que sea capaz de encajar en el mundo que hay a su alrededor, que funcione de forma independiente en la escuela, en la comunidad, en el trabajo, y en sus relaciones personales. Bryce declaró este objetivo desde su temprana adolescencia y me dijo que siempre había sido su meta, mucho antes de que pudiera expresarlo o incluso ponerle un nombre en sus pensamientos infantiles. Más que seguir un libro de normas, ser sociable es un estado de confianza en uno mismo que crece con una cuidadosa alimentación de la conciencia social y de las habilidades de conexión social, empezando desde que el niño es muy pequeño:

- Experiencia conjunta: ser capaz de establecer conexiones básicas con otra gente y aprender que los demás son fuentes de información amplias y beneficiosas.

- Adoptar perspectivas: ser capaz de ver y experimentar el mundo desde puntos de vista distintos al tuyo, y ver estas perspectivas diferentes como oportunidades para aprender y crecer.

- Flexibilidad: ser capaz de aceptar cambios inesperados en las rutinas y expectativas, reconocer que los errores no son el resultado final, sino parte del aprendizaje y el crecimiento, y que las decepciones son cuestiones de grado.

- Curiosidad: motivarse pensando en el "por qué" que se esconde detrás de las cosas: por qué existe algo, por qué su existencia es importante, por qué los demás sienten de la forma que sienten y cómo eso se refleja y nos afecta a nosotros.

- Autoestima: creer lo suficiente en tus propias capacidades como para arriesgarte a probar cosas nuevas, tener el respeto y afecto suficiente hacia ti mismo como para ser capaz de desviar las observaciones y acciones crueles e irreflexivas de otros, como si dijeran más de ellos que de uno mismo.

- Pensamiento global: apreciar que usamos nuestro cerebro y conocimiento social tanto si interactuamos o no con los demás. Leemos historias tratando de imaginar los motivos de los personajes y predecir lo que harán a continuación. Reproducimos situaciones en nuestra mente, decidiendo si actuamos adecuadamente o no. Tu hijo puede decirte: "No me importa ser social; soy feliz conmigo mismo." Puede que lo diga en serio en ese momento, mucha gente suele preferir la soledad

No hay un atajo o un remedio mágico para que tu hijo se sienta cómodo con la interacción social. Se necesita práctica.

a socializar. Pero también es cierto que algunos de nuestros niños adoptan una actitud de "no me importa" para alejarse del dolor de preocuparse mucho y no tener el conocimiento, las habilidades y el apoyo necesario para superar sus barreras sociales y, con ello, lograr sus objetivos y sueños en la vida.

- Comunicación: comprender que nos comunicamos incluso cuando no hablamos.

Michelle García Winner acuñó el término "Pensamiento social" a mediados de la década del 90 y es una de las voces líderes en el campo del aprendizaje socioemocional. En uno de sus muchos libros sobre *Social Thinking*®, define los cuatro pasos de la comunicación, que se despliegan en una secuencia lineal, en un lapso de milisegundos y, a menudo, sin un pensamiento consciente:

- Pensamos sobre los pensamientos y sentimientos de los demás, así como en los nuestros.

- Establecemos una presencia física de forma que la gente entienda nuestra intención de comunicarnos.

115

- Utilizamos los ojos para observar cómo se sienten, actúan y reaccionan a lo que está sucediendo entre nosotros.

- Usamos el lenguaje para relacionarnos con los demás.

¿Has notado que el lenguaje entra en la ecuación de la comunicación sólo en la etapa final? Sin embargo, es en esta parte en la que los padres y profesores acostumbramos a poner énfasis. Enseñar sólo la cuarta etapa, en ausencia de las otras tres, conduce a que tu hijo o alumno esté equipado de forma inadecuada, que sea vulnerable y es más probable que sea menos eficaz y tenga menos éxito en su comunicación social. Winner llama a este énfasis en la enseñanza a nivel de comportamiento "enseñanza en las hojas", cuando lo que nuestros hijos autistas necesitan es que la educación social empiece en las raíces.

Es igualmente importante inculcarle a tu hijo el sentido del papel que juega la comunicación no verbal en sus encuentros sociales. Las coyunturas en las que las sutilezas de la interacción social pueden salir mal entran dentro de tres grandes categorías:

- Comunicación vocal: no entiende los innumerables matices del lenguaje hablado. No entiende los sarcasmos, los juegos de palabras, los modismos, las metáforas, las indirectas, el argot, los dobles sentidos, las hipérboles o las abstracciones. Puede que hable de una forma monótona (que al que escucha le sugiere aburrimiento), o puede que hable demasiado alto, demasiado bajo, demasiado deprisa o demasiado lento.

- Comunicación kinestésica: no entiende el lenguaje corporal, las expresiones faciales ni las respuestas emocionales (llorar, echarse para atrás). Puede que utilice gestos o posturas inadecuados y rehúya el contacto visual. Muchos de nuestros hijos carecen incluso de la comprensión básica de que nuestra mirada es otra fuente de información. La Dra. Temple Grandin cuenta que hasta sus cincuenta y un años no entendió que la gente envía señales de comunicación no verbal con los ojos.

- Comunicación proxémica: no entiende la comunicación del espacio físico, las sutiles señales territoriales y las normas de límites personales. Puede ser un involuntario "invasor del espacio." Las normas de la proxémica no sólo varían de una cultura a otra, sino de una persona a otra, dependiendo del tipo de relación. ¿Íntima? ¿Esporádica, pero personal? ¿Solamente social? ¿Espacio público? Para muchos niños con autismo o Asperger, descifrar la proxémica requiere un nivel de inferencia imposible.

No hay un atajo o un remedio mágico para que tu hijo se sienta cómodo con la interacción social. Requiere práctica, práctica en el momento, práctica en los despistes, práctica al equivocarse (poniendo énfasis en que "equivocarse" es sólo otra palabra para "práctica"). A diferencia de la idea de que proporcionarle un entorno rico en lenguaje fomentará el desarrollo del lenguaje, integrar a un niño con sus compañeros que tienen un desarrollo típico no mejorará sus habilidades sociales sin una enseñanza directa y concreta de los conceptos sociales. Sin esa enseñanza directa, tu hijo continuará avanzando hacia la edad adulta en el mismo mar de incomunicación social. Enseñarle a tu hijo a ser sociable es un mosaico de miles y miles de pequeñas oportunidades y encuentros de aprendizaje que, canalizados de forma adecuada, se fusionarán en un núcleo de confianza en sí mismo. Para ello es necesario que tú, como padre, profesor y guía, seas socialmente consciente el 110% del tiempo, para que le descifres la red de complejidades sociales, le des pistas para comprender los matices sociales que le cuesta tanto percibir, y que lo hagas de una manera que él pueda comprender.

La navegación social es necesaria en cada momento de nuestra vida: en casa, en el trabajo, en la escuela, en nuestros viajes por la comunidad, en nuestras compras, diversiones y culto. Al conducir a tu hijo por este paisaje desafiante, te pido que lo hagas sin la mentalidad de que es "menos que." Enviarle al niño constantes mensajes de que es inherentemente deficiente, seguramente construirá un muro que impedirá el progreso que deseamos. La autoestima, un componente esencial del funcionamiento social, no florecerá en un entorno que le transmita el mensaje de que no es lo suficientemente bueno tal como es. Puede que algunos de sus comportamientos no favorezcan su desarrollo social, pero siempre hay que separar el comportamiento del niño en su totalidad.

Con Bryce supe desde el principio que sería un camino muy, muy largo. Un día bueno significaba que la rutina se desarrollaba de forma placentera y productiva y que podíamos ver progresos hacia nuestros objetivos. Un día malo, significaba vivir y sobrellevar no sólo un día a la vez, sino un momento a la vez. En uno de esos días en los que el camino se extendía demasiado, empezaba a preguntarme: ¿cuánto es suficiente? Cuando la necesidad lo abarca todo y es interminable como lo es la constelación de habilidades sociales, ¿cómo podía saber dónde las enseñanzas y el fomentar esas habilidades cruzarían la línea hacia el modo de comprensión y corrección? ¿Dónde quedaba la frontera entre proporcionarle a mi hijo la galaxia de servicios y oportunidades que necesitaba y, bueno, saturarlo con tantas cosas? Con sus escasos cinco años, pasaba rigurosas jornadas de seis horas en una guardería, incluidas las tardes, terapias del habla tres días a la semana, educación física adaptada y terapia ocupacional individualizada. Sí, podíamos continuar haciendo las rondas de terapias complementarias después de la escuela, tutorías y actividades sociales, pero tenía serias dudas acerca de la clase de mensaje que le enviaba.

Algo en mí no está bien.

Recordé el primer consejo de nuestro pediatra: que confiara en mi intuición, que sabía más de lo que creía que sabía y decidí seguir ese consejo. Saqué a Bryce de todo menos de la escuela. Lo hice porque creía que el ritmo, la forma y el contexto en el que le enseñábamos eran partes de la ecuación para construir las habilidades tan cruciales como la habilidad misma. Era alimentarlo de manera forzosa sin crear relevancia y sin construir un marco para que comprendiera por qué su comportamiento social podía provocar una burla como respuesta. El entorno en el que se desenvolvería mejor para aprender no sería uno de incesante presión y exigencia. Mi trabajo consistió en crear la base en la que la conciencia social pudiera florecer y él pudiera desarrollar una genuina autoestima y pudiera sentirse cómodo en su propia piel. Con esos fundamentos, confié en que aprendería habilidades sociales más fácilmente en su propio horario único, no en uno que yo u otros hubiéramos sacado de libros, gráficos o haciendo comparaciones con otros niños. No estaba segura de estar haciendo lo correcto, pero con Bryce parecía existir una relación directa entre el ritmo de enseñanza, su creciente conciencia de sí mismo y su autoestima. Su tiempo libre era su momento para recargarse. Le permitía ejercer cierta capacidad de elección sobre una parte de su vida y, en consecuencia, estar dispuesto a dar el 100% en la escuela. "Bravo" dijo su asistente de enseñanza. "No creerías la cantidad de niños exhaustos que veo. Como todos los niños, ellos necesitan tiempo para ser sólo niños."

Bryce, quien a la edad de trece años había tenido éxito interactuando socialmente en entornos que iban desde los deportes de equipo hasta bailes escolares, era un espléndido ejemplo de lo que puede lograr un niño autista cuando una sana autoestima le marca el camino. Cuántos kilómetros habíamos recorrido a lo largo del espectro para llegar hasta allí. En retrospectiva, puedo ver que mi incesante refuerzo de su autoestima resultó ser un enorme factor en su disposición de salir de su zona de confort y ampliarla.

Enseñar conciencia social es un paso hacia la competencia social. Como concepto global, puede parecer abrumador, pero como ocurre en toda tarea de gran envergadura, serás más eficaz si separas y clarificas tus objetivos, abordas un reto a la vez, empiezas con algo pequeño y vas alcanzando éxitos graduales. Elimina los obstáculos (normalmente problemas sensoriales, de lenguaje o de autoestima) y desecha medidas estereotipadas y preconcebidas de lo que constituye el progreso, cuya definición sin duda será un blanco en movimiento.

Separar los objetivos y mantenerlos gestionables es esencial, ya que cuando los mensajes se sobreponen, no puedes esperar que tu hijo sea capaz de distinguir el objetivo principal del secundario. Si quieres que tu hijo sea un miembro de la familia agradable y participativo durante la cena, reconoce que hay varios objetivos involucrados que se entrecruzan. Para aislar el componente social, puede que necesites ofrecerle una silla y utensilios adaptados, eliminar ciertos alimentos (suyos y de los demás), olores y sonidos que ofendan sus sentidos, y hacer esfuerzos concertados para incluirlo en las conversaciones. Asegúrate de que el rato que pasa en la mesa no sea un ejercicio lleno de olores desagradables y de dos bocados forzados, sermones sobre modales y el incomprensible parloteo del grupo. Si el objetivo es socializar, sepáralo de los objetivos de la comida o los de procesamiento de motricidad fina. Yo tuve que pasar del dicho al hecho y hacerlo también. En varios momentos de las vidas de mis hijos, ellos tomaban el desayuno en sus dormitorios. La conmoción de la rutina matutina los agitaba, y el objetivo a esa hora del día era la alimentación, no la socialización. Esta adaptación temporal, una de las muchas que hicimos durante el viaje, duró unos pocos meses, no fue para siempre. Y permíteme decirte dónde nos llevó esta paciente separación de objetivos. El año en que Bryce cumplió doce años, celebramos mi cumpleaños en familia en uno de los restaurantes más elegantes de la ciudad. A los niños les encantó, y experimentaré pocos momentos más mágicos que ver a Bryce acercarse a grandes zancadas y confiado a la barra del piano, con una propina de cinco dólares en la mano para pedirle al pianista: "¿Podría tocar *Stardust* para mi madre? Es su cumpleaños." Los muchos años de lenta, pero continua aclimatación rindieron sus frutos en ese momento.

La competencia social, como el ave fénix, se construye sobre sí misma, partícula a partícula, día a día. "Hasta la cima de la montaña, un paso tras otro", dice el viejo proverbio. No éramos Moisés, así que no habrá tablas de mandamientos en la cima—si es que hay una cima—, pero si las hubiera dirían algo como esto:

1. Erradica el pensamiento de "arreglar o curar."

2. Construye la autoestima de tu hijo como base para asumir riesgos sociales y como escudo contra la crueldad de los demás.

3. Céntrate en la conciencia social, la interpretación y la resolución de problemas como medio para desarrollar las habilidades sociales. Aprender a considerar e interpretar los pensamientos y sentimientos de los demás y mantener un equilibrio en situaciones sociales, allanará el camino para la generalización de habilidades a través de situaciones y entornos.

4. Crea circunstancias en las que pueda practicar habilidades sociales y tener éxito, no de forma intermitente ni ocasional, sino constantemente.

5. Sé específica en definir tus objetivos de habilidades sociales y vigila los objetivos que puedan coincidir o entrar en conflicto.

6. Empieza en el nivel real de procesamiento social de tu hijo, no por el que percibas o creas. Algunos de nuestros hijos con vocabularios avanzados y coeficientes intelectuales elevados nos engañan haciéndonos creer que sus habilidades sociales están igual de desarrolladas. En la mayoría de los casos no es así.

7. Los incrementos en la enseñanza deben ser pequeños. Construye sobre la marcha.

8. Mantén una definición abierta de lo que constituye el progreso. Dar dos pasos adelante y uno atrás continúa siendo un crecimiento que se debe celebrar.

9. Proporciónale una salida razonable para situaciones de riesgo social. Tú quieres que pruebe unirse al coro de la iglesia, que vaya al club de Lego después de clase o que se haga voluntario en un refugio de animales, pero si después de varias sesiones, lo odia, elógialo por intentarlo, afirma que está bien que lo deje y continúa buscando otra cosa.

10. Recuerda que las normas y las expectativas sociales cambian con el tiempo y dentro de un mismo contexto. Un comportamiento socialmente adecuado para un niño de cinco años puede ser inapropiado para un adolescente. Lo que está bien en la cafetería de la escuela puede no serlo en un restaurante o cuando estás de visita en casa de alguien.

Encajar en nuestro mundo social requiere un enorme esfuerzo por parte de tu hijo. Lo hace lo mejor que puede con las habilidades y el cociente social que tiene. A pesar de los matices que no entiende, sabe cuándo crees en él y cuándo esa creencia flaquea.

A la cima de la montaña, un paso a la vez, uno de los libros infantiles favoritos de mi hijo Connor cuenta la historia de Sir Edmund Hillary y su guía sherpa Tenzing Norgay, los primeros en alcanzar la cima del Everest. Hablamos de la controversia a lo largo de los años sobre cuál de los dos había puesto primero el pie en la cima. En medio de especulaciones de que Tenzing había llegado a la cima uno o dos pasos por delante del famoso Sir Edmund Hillary, el hijo de Tenzing, Jamling, contó a la revista *Forbes* en 2001: "Le pregunté y me dijo: "Sabes, no es importante, Jamling. Escalamos como un equipo." Como Tenzing, tú has estado escalando esta montaña durante años, y como Hillary, tu hijo está efectuando su primer ascenso. Sé su sherpa, sabiendo y ayudándolo a ver que la vista durante el camino puede ser espectacular.

Capítulo Nueve

Identifica lo que desencadena mis crisis.

Tú las llamas crisis, para mí son como explosiones. Son más horribles para mí que para ti.

Cuando mis palabras no consiguen hacerlo, todo lo que hago te dice algo en cuanto a por qué reacciono cuando algo sucede a mi alrededor, y acerca de los sentimientos de dolor y pánico que suceden dentro de mí. No voy "por ti" y no puedo "simplemente parar." Colapso cuando uno o más de mis sentidos se sobrecarga, o porque he sido empujado más allá de mi capacidad para tratar con la gente y la situación a mi alrededor. También puedo colapsar por algo que le ocurre a mi cuerpo, como alergias, falta de sueño o problemas en el estómago. No importa lo que sea, siento que estuviera siendo atacado.

Necesito que me ayudes a salir de situaciones que me afectan de esa manera. Si puedes saber por qué colapso e identificar qué desencadena mis crisis, podrías evitarlas. No puedo hacerlo por mí mismo. Busca señales, porque siempre están ahí, y puede que yo no pueda decírtelo con palabras.

P uede que haya algo que no creas, pero que creerás al final de este capítulo: puede haber innumerables razones por las que un niño con autismo colapse, estalle, pierda el control y se desmorone. Ser malcriado, petulante, obstinado, malcriado o "no esforzarse lo suficiente" está tan abajo en la lista de posibilidades que no puedo ni verla sin prismáticos.

Ya hemos visto la línea de fondo sin adornos: todo comportamiento surge por una razón, y todo comportamiento es comunicación. Una crisis es el mensaje claro de un niño que no es capaz de decirte de otra forma que la situación se ha agravado más allá de su punto de autorregulación, algo en su entorno ha causado que su delicada neurología se vuelva inestable y ya no puede gestionarlo. Puede parecer que estalla "de la nada", pero en realidad había señales de advertencia, pistas, a veces sutiles que; sin embargo, estaban allí y bien o no se recono-

Recuerda siempre que no está bajo su control. No elige colapsar conscientemente.

cieron, se pasaron por alto o se ignoraron. Incluso el niño cuyas habilidades discursivas son adecuadas en un ambiente normal, puede quedarse sin palabras cuando está estresado. Para un niño con un discurso limitado o que no habla, puede que no haya más opción que el comportamiento, sobre todo, si no se le ha enseñado un sistema de comunicación funcional alternativo. Independiente-mente de las habilidades discursivas del niño, será más fácil para ti mantener la cordura si recuerdas siempre que no está bajo su control.

No elige colapsar conscientemente. Pensar por un momento que, de alguna forma, el niño desea la clase de atención negativa que recibe después de un colapso, es ilógico y contraproducente.

Para nosotros, el primer paso es creer que este niño interactuaría adecuadamente si pudiera, pero no tiene ni conocimiento social, ni capacidades de procesamiento sensorial, ni el lenguaje expresivo para conseguirlo. Si esta no es tu mentalidad actual, puede que tengas que practicar conscientemente para que lo sea. Con la práctica, asumir que hay un desencadenante, y la curiosidad y la tenacidad para buscarlo, puede llegar a convertirse en una segunda naturaleza. Muchas otras ideas que hemos discutido en este libro las encontramos juntas aquí: sobrecarga sensorial, el "no puedo" versus "no quiero", el discurso expresivo inadecuado, los desafíos de procesamiento social.

Cuando digo que todo comportamiento tiene un motivo, me refiero a una explicación, a una causa subyacente. Buscar las razones pueden ser algo laborioso y desafiante, no es lo mismo que poner excusas por el comportamiento. Una excusa es sólo un intento de justificarse, y puede o no esconder una verdad detrás de ella. Analiza detenidamente estas afirmaciones:

"No quiere. Podría (comportarse/sentarse aquietarse/cooperar) si quisiera."

"Sólo tiene que esforzarse más."

"Le he enseñado, pero no lo hará."

¿Ves cómo, como padres, profesores o cuidadores, estas actitudes nos permiten escusarnos del trabajo más duro de encontrar una causa subyacente? Cuántas veces he oído el cliché: "Puedes hacer cualquier cosa si lo deseas con todas tus fuerzas." Es cierto, por eso conocemos a gente que puede viajar en el tiempo o vivir hasta los trescientos años. ¿Un niño ciego puede copiar de la pizarra si lo desea lo suficiente? Si eso te suena familiar, está bien, porque volveremos al capítulo tres para distinguir entre los "no quiero" y los "no puedo", y haremos eco de otros capítulos donde hemos sugerido que, aunque nosotros, o un niño, deseemos algo fervientemente, no es prueba de que sea posible o de que somos capaces de ello. La falta de motivación no siempre es el motivo de la desobediencia. Toda la motivación del mundo todavía puede necesitar de paciencia, instrucciones constantes o tecnología de apoyo. No podemos (ni queremos) utilizar el "simplemente no quiere" como justificación para alejarnos de una intervención más ardua, pero más eficaz.

En cuanto a: "Esfuérzate más", ¿quién se ofrece como voluntario para impulsar y ser modelo de lo eficaz que es eso para cambiar un comportamiento con el que has luchado repetidamente (perder peso, ahorrar, dejar de fumar, procrastinar, llegar tarde, morderse las uñas, reducir el tiempo que pasas frente a una pantalla)?

¿Y "le he enseñado, pero no lo hará"? Recuerda que no lo has enseñado si no lo aprendió, y no puede aprender si no le enseñas de una forma comprensible para él.

Habrá muchos momentos agotadores en los que la raíz de la crisis de tu hijo no será evidente de forma inmediata. Puede que nunca haya un momento en tu vida en el que te corresponda más convertirte en un detective, es decir, averiguar, estar alerta, diagnosticar, descubrir, exponer y desentrañar. Los comportamientos desconcertantes siempre tienen una causa raíz, e identificarlos requiere que seas detallista, curiosa y metódica en la búsqueda de esa causa. Debes ser un detective de biología, psicología y un investigador medioambiental.

La mayoría de los desencadenantes de una crisis se agrupan en varias áreas. Si puedes determinar el desencadenante con precisión, puedes prevenir la crisis en vez de intentar interrumpirla o extinguirla una vez se ha iniciado (casi nunca es posible). Piensa en el antiguo refrán chino: dale a un hombre un pescado y comerá un día; enséñale a pescar y comerá toda la vida. Tu capacidad para identificar los desencadenantes de tu hijo es el primer paso para ayudarlo a identificarlos por sí mismo. Después puede venir la autorregulación.

Veamos cuatro grupos de desencadenantes.

- Sobrecarga sensorial

- Desencadenantes físicos/fisiológicos

  - Alergias o sensibilidad a los alimentos

  - Trastornos del sueño

  - Problemas gastrointestinales

  - Alimentación inadecuada

  - Desequilibrios bioquímicos

  - Enfermedad o lesión que no se ha expresado

- Desencadenantes emocionales

  - Frustración

  - Decepción

  - Maltrato

  - Sentido de injusticia

- Malos ejemplos de los adultos

Sobrecarga sensorial

Tal como hemos discutido extensamente en este libro, siempre debemos buscar primero los problemas sensoriales.

Cuando Bryce tenía tres años, celebramos mi cumpleaños en casa de un familiar, un lugar conocido para él. A mitad de la velada, empezó a agitarse por toda la casa y cuando intenté calmarlo con medidas que normalmente funcionaban, se resistió, agitando los brazos salvajemente. Era hora de irse, demasiado pronto, pero era lo que era, así que recogí los abrigos y juguetes. "Espera", me dijo un familiar que normalmente es comprensivo. "¿Vas a permitir que un niño de tres años le dicte la noche al resto de la familia?", sabía lo que quería decir. Quería que yo disfrutara de la velada y de la atención especial que él creía que me merecía, pero sí, las necesidades del niño de tres años la entorpecerían. Eso no invalidaba el hecho de que habíamos pasado una agradable velada hasta ese momento. Y no, el niño no estaba siendo un dictador, se estaba comunicando. Como todavía no hablaba, tuve que buscar el significado de su comportamiento. La agresión desapareció tan pronto como nos marchamos. No había sido un acto petulante, había sentido dolor.

El quid de esta historia es que sabía que algo le dolía. Nunca se me habría ocurrido que él estuviera intentando arruinar mi noche, no tenía sentido. Según su desarrollo alcanzado, aún no tenía la capacidad de estructurar ese nivel de deliberada intención. Estaba en un lugar familiar con gente que conocía, que amaba y en el que normalmente se divertía. Claramente, algo andaba mal. ¿Había demasiado ruido que no había podido filtrar?, ¿había sido un olor distinto que le provocaba nauseas?, ¿estaba cansado, o había demasiada gente? No lo sabía y no importaba en ese momento. Lo más importante era terminar con el malestar antes de que fuera la última cosa que recordase y la primera que asociase con veladas como esa en ocasiones futuras.

Desencadenantes físicos/fisiológicos

- **Alergias e intolerancia/sensibilidad a los alimentos**
  Estos términos a veces se usan de forma indistinta, pero no son lo mismo. Una alergia es una respuesta anormalmente aguda del sistema inmunológico. Una intolerancia (a veces se le llama hipersensibilidad no alérgica), es como la reacción que se tiene a una sustancia farmacológica, cuyo grado de respuesta varía según cada persona (por ejemplo, dos caramelos rojos pueden incitar un comportamiento agresivo o hiperactivo en un niño, mientras que otro puede tolerar un puñadito). Existe mucha evidencia de que ambas puedan causar un comportamiento agresivo, beligerante o de cambios de humor en los niños. La lista de posibles sustancias que son nocivas incluye cualquier cosa que se pueda meter en la boca. Los culpables comunes son los colorantes alimenticios, los conservantes u otros aditivos, la leche, los cacahuetes, las fresas, los cítricos, los mariscos, los huevos, el trigo, el maíz y la soja.

Para detectar una sustancia que pueda estar afectando el comportamiento de tu hijo, lleva un diario de los alimentos que come durante la semana, anotando los momentos en que ocurren estos comportamientos. Si observas un patrón de comportamiento problemático después de un sándwich de mantequilla de cacahuete en el almuerzo, considera la posibilidad de eliminar el trigo o los cacahuetes de la dieta de tu hijo durante dos semanas. Elimina una sustancia a la vez, y hazlo de forma lenta si es una de sus favoritas. ¿Disminuyó este comportamiento después de eliminar ese alimento de sus comidas? Comprueba tus resultados reintroduciendo una pequeña cantidad de ese alimento, y aumenta la dosis de forma gradual, para ver si el comportamiento reaparece y en qué momento.

- **Trastornos del sueño**
  Es seguro que un niño que está crónicamente exhausto tendrá problemas de comportamiento. Si ya has utilizado las tácticas normales como establecer una rutina inquebrantable para ir a la cama, eliminar las siestas, "fumigar a los monstruos", evitar la sobreestimulación, considera nuestra ahora familiar némesis: los problemas sensoriales. ¿Podrían ser:

  - Relojes, hornos o cañerías ruidosos?, o ¿ruidos de agua como el gorgoteo de los desagües, ramas arañando una ventana o el tejado?

- Sábanas, mantas o pijamas ásperos? ¿Cosas nuevas? Estos pueden sentirse y oler mal, sobre todo, si le has quitado uno antiguo y de sus favoritos. Considera que la talla del pijama "adecuado" pueda ser una talla más grande (menos estrecho) o más pequeña (presión reconfortante) que el que lleva puesto, y que la ropa de dormir es una preferencia muy personal y se limita a un pijama convencional.

- Olores de productos de lavandería y de aseo personal que compiten entre sí?

- Inseguridad propioceptiva? Puede sentirse perdido en el espacio en su cama. Un saco de dormir tipo momia, una barandilla, una tienda o un dosel con cortinas de privacidad podrían ayudar.

- **Problemas gastrointestinales**
Por razones que aún no se comprenden del todo, los niños autistas parecen experimentar más problemas gastrointestinales de lo normal. Tu hijo puede estar expresando su dolor a través de un comportamiento extremo. El reflujo (acidez) puede causar dolor esofágico, trastornos del sueño y malestar abdominal. El estreñimiento y sus complicaciones (impactación fecal, encopresis), la diarrea y la flatulencia crónicas también tiene implicaciones tanto sociales como fisiológicas. Otras enfermedades más serias, como la enfermedad de Crohn, la colitis ulcerosa y el síndrome de colon irritable (IBS, por sus siglas en inglés) requieren super-

visión médica constante. La incapacidad del niño para hablar o que habla muy poco como para verbalizar su malestar o cooperar con las pruebas típicas son razones por las que muchos niños no son diagnosticados.

- **Alimentación inadecuada**

  Al principio de la era informática, surgió el acrónimo GIGO (*Garbage In Garbage Out*), que en español significa "entra basura, sale basura." Esto no aplica sólo para los programadores. Un niño puede estar comiendo mucho, pero si lo que come tiene un escaso valor nutritivo, su cerebro puede estar hambriento y afectar su comportamiento de forma aguda. Una forma de mejorar la nutrición es elegir alimentos más cercanos a su estado original. Los productos procesados a base de harina y azúcar blanca, las carnes procesadas, los refrescos y las bebidas con sabor a frutas tienen un bajo valor nutritivo, aunque poseen un alto contenido de grasa, sal, azúcar y químicos. Si el comportamiento del niño se altera por la mañana temprano, ¿podría ser que saltarse el desayuno fuera el culpable?

  Al igual que con la identificación de alergias, haz cambios en su dieta de forma lenta. Eliminar de un solo golpe la comida favorita de tu hijo, es garantía de un fracaso.

- **Desequilibrios bioquímicos**

  Esto puede incluir nada o todo: demasiado/no suficiente ácido gástrico, irregularidades biliares, deficiencias de vitaminas o minerales, desequilibrio bacteriano o de levadura. Puede manifestarse en forma de ansiedad, depresión, agresividad, fluctuaciones de peso, problemas para dormir, fobias y problemas dermatológicos.

- **Enfermedad o lesión que no se ha expresado**
Las infecciones de oído, problemas de dientes y encías, y las fracturas de huesos, son ejemplos de afecciones insoportablemente dolorosas que pueden ser imposibles de comunicar de forma adecuada por un niño con una capacidad verbal muy limitada.

Desencadenantes emocionales

- **Frustración**
La frustración se produce cuando el niño está tratando de cumplir con tus expectativas y objetivos (o los suyos propios), pero no es capaz de hacerlo. Quizá no entiende lo que se espera de él, o que sea demasiado elevado o inalcanzable. Puede que sea factible, pero que no comprenda por qué es necesario o importante, o que no tenga las habilidades sociales, motoras o lingüísticas para lograrlo.

Nunca olvidaré una historia que oí acerca de una niña de nueve años con TDAH que era un torbellino. Su profesor le propuso un trato, una recompensa por lograr un objetivo de comportamiento.

139

Si la niña podía "ser buena" durante tres semanas, el profesor le compraría un cucurucho de helado. La niña le dijo a su terapeuta: "¿Estás bromeando? Ni siquiera sé lo que significa "ser buena." No puedo "ser buena" durante tres horas, mucho menos tres semanas. Además, no me gusta el helado."

Objetivo: poco realista, inalcanzable.

Definición específica del objetivo: ninguno.[2]

Guía ofrecida para ayudar a lograr el objetivo: ninguna.

Recompensa: irrelevante y en ningún caso cercana al valor del esfuerzo requerido.

He aquí un escenario seis veces más constructivo: el profesor y la alumna (1) se encuentran cara a cara y (2) discuten y acuerdan (3) un objetivo específico (4), de corto alcance (5) que sea alcanzable

---

2. El objetivo era que la alumna "fuera buena». ¿Cómo puede saber un niño lo que significa "ser bueno» para nosotros cuando esta puede ser una de las palabras más subjetiva del idioma? Es un adjetivo, un sustantivo, una interjección, un adverbio. Dictionary.com cita cincuenta y cinco definiciones y subdefiniciones. "Bueno» es un blanco móvil que cambia de una posición a otra, de una relación a otra, o de una situación a otra. Cambia según la hora del día y a medida que el niño crece. "Ser bueno» no es un objetivo alcanzable a menos que las acciones específicas necesarias para lograr ese "bueno» le sean explicadas al niño de una forma que pueda comprenderlo y lograrlo.

y (6) que tenga una motivación significativa como recompensa. Por ejemplo, la alumna se esforzará por permanecer en su asiento u otro lugar asignado (sus necesidades sensoriales pueden satisfacerse mejor, y puede ser más capaz de cumplir el objetivo si está de pie en un podio, echada sobre una colchoneta, o hundida en un puf) durante el tiempo de lectura en silencio, que son los veinte minutos que siguen después del recreo del almuerzo (el corto periodo de tiempo que sigue a una salida física ofrece mayores posibilidades de éxito).

Ella empezará con incrementos de cinco minutos y aumentará a partir de ese punto. Si tiene éxito, recibirá una ficha para pasar un rato en el ordenador, una entrada de cine o cualquier otro resultado final mutuamente acordado que sea atractivo para ella.

Para la mayoría de los niños, tener éxito supone un impulso positivo. A medida sus éxitos aumenten, su frustración disminuirá y también sus arrebatos de enfado.

- **Decepción**
  La decepción se produce cuando alguien con quien contaba el niño no cumple con lo prometido; cuando un suceso previsto no se produce. Mientras que un niño con un desarrollo típico se adapta fácilmente cuando los acontecimientos o los horarios cambian, el niño con autismo depende de la rutina y la familiaridad. Adaptarse a cambios bruscos de dirección en su día requiere habilidades que puede que aún no tenga y causarle trastornos

141

de los que puede tardar horas en recuperarse. La decepción se trata de un asunto de intensidad para cada individuo, y puede requerir un esfuerzo concertado comprenderlo, aceptarlo y empatizar plenamente con la perspectiva de tu hijo. Para ti, es un tropiezo en tu rutina, pero para él es una malévola amenaza a su equilibrio emocional. Las decepciones pueden ser impredecibles: en la tienda se ha agotado su zumo favorito, la ruta habitual a la escuela se ha cambiado porque están haciendo reparaciones en la vía, su programa de televisión se ha interrumpido debido al reportaje de una noticia de última hora, una cita de un juego se cancela porque Addie está enfermo. Otros pueden evitarse con prevención y planificación. Dile que la piscina del hotel donde irá de vacaciones este año no tendrá un trampolín y muéstrale una foto del folleto o del sitio web del hotel. Haz que la abuela le diga que hará pastel de piña en vez del de calabaza para el Día de Acción de Gracias de este año. Explícale que Calvin, el tan apreciado monitor del campamento, no volverá este año, pero que conocerá a Nathan, el nuevo, antes de que empiece la semana del campamento.

- **Maltrato**

Está siendo atacado, provocado y atosigado por compañeros, hermanos u otros adultos, en persona o por correo electrónico, textos, *posts*, otros medios de comunicación, otras vías que aún no hemos imaginado al momento de escribir estas líneas. Bien sea en casa, en el colegio o en cualquier otro lugar, sólo hay una postura aceptable para esto: es 100% inaceptable. ¿Cuán fácil es el entorno de tu hijo en este sentido? Tu hijo autista no tiene ni la sofisticación verbal ni la agudeza social para defenderse adecuadamente. Las crisis son sólo el principio, la ansiedad, la depresión o la fatiga crónica pueden pisarles los talones. Es obligatorio tomar medidas para proteger a tu hijo o alumno ante tales situaciones.

En la escuela primaria asistieron a mis hijos en este sentido, la administración y el profesorado hicieron cumplir a rajatabla una política que declaró a la escuela una Zona de no reprimendas, tratando los incidentes de crueldad y la falta de amabilidad de cualquier grado de forma rápida y con decisión. Nunca dimos por sentado esta política de la escuela, ni por un instante. En otra escuela, una madre me contó una historia distinta:

> Mi hijo empezó el primer grado con una retroalimentación positiva y constante por nuestra parte, pero esto se deterioró rápidamente bajo el diario abuso físico de sus compañeros. Tanto el profesor como el director reaccionaron a mis reiteradas preocupaciones amonestándome para que dejara de ser sobreprotectora. Mi hijo necesitaba aprender a cuidarse solo; "entre niños esas cosas pasan y no siempre estarás allí para salvarlo." Necesitaba valerse por sí mismo, dejar de ser un bebé, concentrarse más, trabajar más duro, escuchar mejor, hacer lo que le decían, ser más receptivo etcétera, etcétera, etcétera.

Me desmorono por dentro cada vez que oigo un comentario vergonzoso de este tipo. "¿Estas cosas pasan entre niños?." Desde luego que pasan, cuando los

Sólo porque no pueda decirte qué está sucediendo no significa que no esté pasando.

adultos que están cargo continúan permitiéndolo. Tanto si los que lo hacen son compañeros, hermanos o adultos, si no hacemos nada, declaramos nuestra decisión de permitir que el acoso florezca. Y si la víctima responde con ira o agresión, no podemos fingir sorpresa o indignación.

Así que, he aquí la consigna de nuevo: sólo porque no pueda decirte qué está sucediendo no significa que no esté pasando. La mayor parte del acoso sucede fuera del ámbito de conocimiento de los padres, profesores u otros adultos: en el autobús, en el baño, en los pasillos, en el patio. Enséñale a tu hijo o alumno, tan pronto como puedas, a 1) protestar adecuadamente: "¡Basta! No me gusta esto", y 2) decírselo a un adulto de confianza. Y debes saber que tu radar tiene que estar atento todo el tiempo. Si notas algo, dilo.

- **Sentido de injusticia**

"Justo" es uno de esos términos confusos e imprecisos que desconciertan a nuestros niños autistas. Ellos no piensan en términos de justo o injusto, pero sí saben que tienen problemas para equilibrar sus necesidades con las normas. Los adultos solemos pensar que *justo* significa imparcial, equitativo, neutral. Las normas familiares, escolares y de equipo se aplican a todos los hermanos, alumnos o compañeros de grupo por igual. Pero el autismo desnivela el campo de juego y pone baches al terreno. No todas las cosas son iguales. Así que nuestra opinión sobre el tema de lo que es justo debe cambiar. He aquí cómo:

Justo no significa que todo sea igual.
Justo es que cada cual tiene lo que necesita.

Malos ejemplos de los adultos

Una vez trabajé para un director general que, de vez en cuando, invocaba una metáfora poco delicada cuando quería poner la responsabilidad sobre los hombros de otra persona. No le gustaban los modismos deportivos normales como "la bola está en tu terreno." Le gustaba más "patear el trasero." Imágenes vívidas y desagradables, pero que a veces es lo que se necesita para atraer la atención sobre algo de lo que preferiríamos alejarnos.

La imagen puede ser implacable, pero cualquier examen del comportamiento indeseable de nuestro hijo, tiene que empezar por mirarnos a nosotros mismos. "Habla cuando estés enfadado y pronunciarás el discurso del que más te puedas arrepentir", dijo Laurence J. Peter, autor de *El principio de Peter: por qué las cosas siempre salen mal*. Si reaccionas con ira y frustración ante las crisis de tu hijo o alumno, estás modelando el mismo comportamiento que quieres que él cambie. Te corresponde a ti como adulto abstenerte de responder de igual forma. Sé tu propio detective de tu comportamiento. Adivina qué dispara tu propio punto de ebullición e interrumpe el episodio antes de que alcances ese punto. Cuando notes que tu termostato emocional se eleva, es mejor que te alejes de la situación temporalmente. Dile a tu hijo: "Estás enfadado (frustrado, molesto) y yo también. Necesito unos minutos para calmarme. Voy a ir a mi habitación (fuera, o arriba) ahora, pero volveré contigo y hablaremos de ello."

Sé consciente de las muchas formas en las que, de forma involuntaria, empeoramos una mala situación.

- Respondemos con burlas, mofándonos o riéndonos del dolor y la desgracia de alguien, proyectando una actitud de servirte de los demás.

- A veces hacemos comparaciones injustas e irrelevantes, como "tu hermana nunca hizo eso."

- Iniciamos discusiones de cocinilla, trayendo a colación incidentes pasados: "Esto es como aquel día que tú. ..."

- Puede que hagamos acusaciones que no podemos probar: "Esto lo has hecho tú. Nadie más habría podido hacerlo."

- Elevamos el volumen o el tono de nuestra voz, de modo que lo único que oye el niño es nuestro tono, no las palabras en sí.

(Piensa en la respuesta humorística, pero cierta: "Si te grito en francés, ¿te expresarás con fluidez?").

- Establecemos dobles estándares, imponiendo normas distintas para un niño autista a las de sus compañeros o hermanos.

Como en cualquier situación difícil, la planificación es clave. En un momento en que estés calmada, piensa en cómo puedes manejar mejor el siguiente incidente. Luego escribe tu plan, guárdalo en un lugar accesible y consúltalo periódicamente para que lo mantengas fresco en tu memoria. Representa este papel frente al espejo del cuarto de baño y observa lo que comunican tu cara y tus acciones, junto con tus palabras.

"Cuánto más dolorosas son las consecuencias de la ira que sus causas", dijo el educador romano del siglo primero, Marco Aurelio. De vez en cuando, un padre me dice, con una fuerte convicción, que pegarle a su hijo fue la única forma de llegar a él o ella, y que funcionó porque el niño "salió bien." No puedo ni empezar a entender qué significa "salió bien" cuando el niño en cuestión aún no ha llegado a la edad adulta y ni siquiera a la adolescencia. Oigo que a dicho comportamiento se le llama zurra, azote, palmadita o castigo corporal, pero sea cual sea el nombre, es un acto agresivo perpetrado casi invariablemente con ira. A veces ocurre en una momentánea pérdida de autocontrol, otras con la errónea convicción de que, de alguna forma, sin el esfuerzo de la instrucción, no se enseñará un comportamiento adecuado.

Una respuesta física iracunda no le enseña a un niño lo que ha hecho mal, no le enseña qué debe hacer o las habilidades necesarias para hacerlo, no fomenta el respeto mutuo y la comprensión necesaria para una relación de confianza. Lo confronta con un doble rasero que posiblemente no puede entender: está bien que los adultos se comportan agresivamente con los niños, pero no que él se comporte del mismo modo con cualquiera. La consecuencia menor que eso creará será discordia. En el peor de los casos, la discordia conducirá a la desconfianza y a la desconexión. Acabamos de discutir la importancia de enseñarle al niño que debe informar el maltrato a un adulto en quien confíe. Confiar no es un derecho que un niño le deba a las figuras que tienen autoridad en su vida, eso debe ganarse, y una vez ganado, mantenerse diariamente. Cualquier acción que debas tomar o abstenerte de ella será porque quieres ser uno de esos adultos de confianza de la vida de un niño, ya que, si no lo eres, la horrible consecuencia a largo plazo es que en un futuro puede que no te diga si otro adulto (o compañero) se comporta agresivamente o de forma abusiva con él.

La ira es contagiosa y, al final, nos cuesta: tiempo perdido, energía gastada, confianza violada, autoestima mermada, sentimientos heridos y resultados a largo plazo no alcanzados. Aun así, la ira es una experiencia humana inevitable. Aprender a gestionar la ira con autocontrol proactivo y con dignidad, en última instancia, te da poder a ti y, a través de tu ejemplo, a tu hijo.

Averiguar las causas y consecuencias de los comportamientos problemáticos tiene un nombre formal. Un Análisis Funcional de la Conducta (FBA por sus siglas en inglés), evalúa conductas específicas basándose en su ABC: el antecedente (causa o desencadenante), la conducta en sí misma, y la consecuencia (lo que le ocurre al niño como resultado de la conducta). Un FBA puede ser un proceso formal llevado a cabo en el entorno escolar por personal cualificado o en uno informal, por ejemplo, observación parental en casa. La idea detrás de un FBA es que, una vez identificados los antecedentes y las consecuencias de un comportamiento, puedan alterarse o modificarse enseñándole al niño una conducta más adecuada.

Esta es una pieza tan importante de la ecuación que voy a repetirlo: el cambio de comportamiento no se limita a interrumpir o extinguir una conducta indeseable. Por desconcertante o desagradable que sea para ti, el comportamiento de un niño ocurre por una razón y satisface una necesidad. Reprimir un comportamiento sin descubrir y abordar la causa subyacente, sólo dará como resultado que surja otro comportamiento para satisfacer la necesidad.

Aprender a lidiar con las crisis de tu hijo, no es fácil, pero las respuestas aguardan por aquellos que se preparan para la caza. Yo encontré ese proceso maravilloso. Cuanto más conseguía identificar y respetar los disparadores de Bryce, más tranquila se volvía la vida. Las aterradoras crisis de varias veces al día disminuyeron a varias veces a la semana, brevemente se convirtieron en respuestas ocasionales pasivoagresivas, y luego desaparecieron completamente.

Totalmente. Al poco tiempo, ya no pensaba en ello en otra forma que no fuera agradecida por la manera en que nos habíamos enfrentado a algo tan feo y que lo superáramos. Mi recuerdo de esas épocas difíciles se desvaneció con cada año que pasó. Es uno de los efectos especiales más impresionante que he visto.

Capítulo Diez

Ámame sin los "si …"

Cuando oigo cosas como "si tan sólo tú …", y "¿por qué no puedes …?", siento tu decepción en mí. Y me hace preguntarme: ¿tú hiciste hasta la última cosa que tus padres y profesores esperaban de ti? Estoy seguro de que no, y estoy seguro de que no te gustaría que te lo recordaran a todas horas.

Yo no elegí tener autismo. Recuerda que me está pasando a mí, no a ti. Pienso mucho en crecer, en lo que quiero ser y en las cosas que quiero hacer. Me da miedo que, sin tu ayuda, quizá nunca haga todo eso.

Necesito que seas mi roca, mi defensora, mi guía. ¿Puedes amarme por lo que soy, sin ningún "si" o "pero"? ¡De esa forma veremos lo lejos que puedo llegar!

"La diferencia entre el cielo y la tierra no es tanto la altitud, sino la actitud.

Estas palabras, extraídas del libro *The Power of Unconditional Love* de Ken Keyes, Jr., recogen el sentimiento general de todo lo que pienso acerca de educar a un niño autista, y proceden de un hombre que vivió esa diferencia cada día. La poliomielitis postró a Keyes en una silla de ruedas durante los últimos cincuenta años de su vida, así que sabía un poco lo que era vivir con una discapacidad. Sin embargo, eso no le impidió escribir quince libros acerca de amar la vida, encontrar la felicidad en lo que ya tienes, y la necesidad de enfocarte en avanzar. Él sostiene que el amor incondicional se basa en dualidades, y la que más abarca es que para amar a alguien debemos amarnos a nosotros mismos, "aceptando todas las partes de nosotros mismos." ¿Qué mejor ejemplo para tu hijo?

El amor incondicional, al que no le añades ningún "si" o "pero", es mágico y alcanzable. No hay duda, los desafíos de educar a un niño atípico pueden ser asombrosos, pueden suponer poner la cara en el suelo, sentir un cuchillo en el corazón o estar fuera de combate. Superar y dejar de lado nuestros propios temores, decepciones, expectativas y sueños perdidos, puede parecer una misión de una enormidad abrumadora. Las limitaciones de tu hijo se convierten en las tuyas: los lugares a los que no puedes llevarlo, las situaciones sociales que no puede gestionar, la gente con la que no puede relacionarse, la comida que no come. Sí, puede ser una larga lista, pero siempre ha sido mi privilegio más querido reclamar a nuestros dos niños como míos y amarlos incondicionalmente. Me ha enseñado profundas lecciones sobre lo insoportable que puede ser mantener esta clase de amor en el punto de mira a todas horas.

Se necesita coraje para admitir que estás aterrorizado, que te sientes engañado, desanimado, agotado. Deseando salir de esa matriz y no saber cómo empezar. He aquí como: sabiendo que puedes hacerlo. Eso ya está en ti.

Durante los primeros días de contemplar cómo sería la vida de Bryce y la de mi familia con el autismo en medio de nosotros, no pude negar que podía ser mucho peor. Todo lo que había a mi alrededor era gente que se había enfrentado justo a eso. Unos buenos amigos habían perdido a su preciosa hijita de dos años a causa de un defecto en el corazón, un acontecimiento que destrozó sus vidas y que era mucho más devastador que todo lo que el autismo hubiera hecho en nuestra familia. Eso puso de relieve el inapreciable valor de lo que teníamos: la esperanza. Robert Louis Stevenson escribió en 1881: *Viajar con optimismo, es mejor que llegar.*

Bryce me enseñó que la felicidad no viene de obtener lo que quieres, sino de querer lo que ya tienes. Ese es el regalo más grande que haya recibido. Un amigo me preguntó una vez, ¿cómo lo consigues? ¿Cuál crees que es el secreto de tu éxito? No hay secreto. Es sólo: aceptar tu situación sin amargura. Jugar las cartas que te tocaron con gracia y optimismo. La amargura puede ser un enemigo formidable;

superarla puede ser un ejercicio diario. Algunos de nosotros lo conseguimos, pero otros no.

Ya en el capítulo tres hablé de un padre que afirmaba que, debido al autismo, no podía tener una relación con su hijo.

Una de las mayores tragedias que puede sufrir un niño autista es verse rodeado de adultos que piensan que es una tragedia.

Él sabía que su hijo acabaría en prisión. Pasé toda la tarde hablando, razonado y suplicándole a ese hombre, rogándole que se diera cuenta de que estaba estableciendo una profecía que se cumpliría. ¿No podía dar un paso hacia adelante e imaginar un resultado distinto para su beligerante, pero brillante hijo: diez minutos interactuando con su hijo en el suelo, ir al colegio una vez al mes o encontrar un restaurante que les gustara a los dos? Creo que amaba a su hijo, pero sin duda para él era algo condicionado, dependía de cierto tipo de comportamiento, aunque hubiera motivos orgánicos por los cuales su hijo no podía obedecerlo. Al final, ambos perdieron. Ese padre no pudo superar su amargura ni su dolor.

El dolor es auténtico, el autismo es real, y muchos padres pasan por un proceso doloroso al enterarse que su hijo tiene autismo. Pero quedarse estancado en ese dolor es la verdadera tragedia, no que tu hijo tenga autismo.

Hace unos años, vi un artículo corto acerca de la madre de un autista de cinco años y un terapeuta conductual que habían puesto en marcha un centro para el autismo que ofrecía servicios de consulta para programas personalizados a domicilio, apoyo familiar y formación. *¡Oh!, que día tan feliz*, pensé, hasta que la siguiente frase estalló ante mis narices. El propietario de un negocio local se había acercado para donar una parte de sus ventas a esta nueva y prometedora aventura. "Queríamos ayudar", dijo. "El autismo es una tragedia para las familias."

No hace falta decir que apreciamos profundamente la ayuda, financiera y emocional, de nuestras comunidades locales, pero lo siguiente no lo puedo decir más firmemente: lo que ves es lo que obtienes. El autismo es una tragedia para las familias sólo si estas permiten que lo sea. Y una de las mayores tragedias que puede sufrir un niño autista es verse rodeado de adultos que piensan que es una tragedia.

Intenta imaginarte en el mundo de tu hijo o alumno, con una incesante invasión sensorial, remolinos de lenguaje incomprensible girando a tu alrededor y la impaciencia y el desprecio de la gente "normal." Te enfrentas a la misma pregunta que yo me hice hace muchos años: si no me trago mi propia angustia y camino paso a paso con mi hijo, ¿quién lo hará? Y si no lo hago ahora, ¿cuándo?

¿Te atreves a imaginar la vida de tu hijo como adulto cuando tú ya no estés? A lo largo de los años, los padres de niños autistas me han hecho saber que, indiscutiblemente, esta es la pregunta que más les aterroriza. Es una pregunta dura, y una que me mantiene en el camino cada día de mi vida. ¿Qué clase de vida le espera a un adulto con una capacidad lingüística limitada, que no comprende las leyes y el cumplimiento de las mismas, el sistema bancario, el transporte público, los temas laborales como la puntualidad, la etiqueta básica, la comunicación respetuosa, las dinámicas de grupo? ¿A qué nivel de calidad puede llegar la vida sin al menos unas pocas relaciones interpersonales con sentido, un trabajo significativo y unos pasatiempos o aficiones también con sentido? La mayoría de los niños crecen asumiendo que estas cosas formarán parte de su vida adulta. Para los niños con autismo, ese futuro puede existir, pero no sin la intervención colaboradora de adultos comprometidos al 100 % con la idea de que tener las mismas oportunidades que los demás y ser felices con ellos mismos, es un derecho innato de todo niño. Es mediante ese amor incondicional que le enseñamos a nuestros hijos a ser funcionales y sentirse cómodos con su autismo, a no ser una réplica de los que llamamos niños típicos.

Por alguna cósmica razón, que no entiendo, fui bendecida con la serenidad necesaria para evitar la negación, la ira y la autocompasión que con frecuencia aparecen de forma inesperada e inoportuna cuando nos enteramos que nuestro hijo tiene una discapacidad. No son superpoderes y no soy una supermamá, he sufrido, y todavía sufro, ataques de melancolía y de dudas acerca de mí misma, todavía caigo presa de lo que yo llamo momentos de "cuchillo en el corazón." Son esos momentos en que el resto del mundo parece enfocado en hacerte saber que tu hijo es distinto y está apartado. A menudo no se trata de una malicia consciente, sucede porque la mayoría de la población se dedica a sus asuntos, y estos no incluyen o no pueden incluir a tu hijo. Otras veces, el desprecio es intencional: los comentarios crueles de algunos niños, el cumpleaños al que todos los demás están invitados, los desaires en el autobús. Luego vienen las preguntas que él te hace cuando empieza a notar que es diferente. Creía que, si soportaba suficientes momentos de "cuchillo en el corazón", desarrollaría un tejido cicatricial o la capacidad de reírme de ellos, pero no ha sido así. Sin embargo, a medida que mis dos hijos avanzaban con más gracia hacia la madurez y la independencia, esos momentos fueron menos, más distantes y más fugaces, y el poder que ejercían sobre mí disminuyó con el paso del tiempo.

Amar a Bryce de forma incondicional requería hacer las paces con lo que a veces parecían oportunidades reducidas. De pequeño, no parecía querer tener amistades convencionales, citas para jugar ni para dormir en casa de nadie, no estaba interesado en las actividades extraescolares habituales, como el fútbol o un coro. No toleraba los espectáculos a gran escala o acontecimientos deportivos en estadios. Los viajes debían ser orquestados cuidadosamente. Curiosamente, no puedo decir que echara de menos esas cosas porque él era un niño feliz que parecía cómodo consigo mismo. Aun así, reflexionaba sobre eso y seguí haciéndome muchas preguntas.

Llegaron los años de escuela secundaria de mis hijos y ahí estaba yo, sentada una mañana en la consulta de nuestro psicólogo, de nuevo desconcertada por el desarrollo social de mi hijo, que parecía serpentear por todo el paisaje sin pisar nunca el camino señalado.

Durante esa reunión, después de las sugerencias prácticas que podían aplicarse, el psicólogo me dio este consejo memorable: "Y recuerda: todos los niños, todo el mundo, necesita su propio ritmo para desarrollarse. Quizás este no es su momento, pero ya llegará."

Le dimos (y todavía le damos) a Bryce el tiempo y el espacio para hacerlo y ese momento llegó. Su logros sociales, académicos y recreativos llegaron en el momento adecuado: a su tiempo. Quizá con unos pocos años de atraso con respecto al tiempo típico, pero lo hizo tan bien como muchos niños, adolescentes y adultos, y lo que es más, en el momento en que lo hizo, a menudo, de forma mágica, olvidábamos que no lo había hecho.

Cada día de la infancia de Bryce le decía que era una persona interesante y maravillosa y que yo era la mamá más afortunada que había existido. Al principio, lo creía lo suficiente como para empezar a decirlo, pero con el tiempo sucedió algo maravilloso, esas palabras se convirtieron en hechos para mí. Empecé a buscar activamente cosas acerca de las que hablar sobre él. Le decía que estaba orgullosa de la facilidad con la que compartía golosinas y privilegios con otros, que admiraba su dedicación a su trabajo escolar, que disfrutaba de las inteligentes asociaciones que hacía cuando sacaba minuciosos detalles de las películas y los relacionaba con su vida real. Que confiaba en él porque nunca mentía, que me gustaba lo bien que cuidaba de sí mismo eligiendo comida saludable, cuidando de su higiene y respetando su sueño. Con el tiempo, eso se convirtió en parte integrante de su autoimagen. Y, como lo creía, creció convirtiéndose en un joven con gran aplomo, autoconfianza, empatía y ética de trabajo.

Piensa en ello como un lavado de cerebro afirmativo. Cuanto más le digas a tu hijo sus fortalezas y dones, más crecerán y los dos se lo creerán.

Si puedes encontrar un punto en el que creas, acéptalo, y pon en práctica tu verdadero amor incondicional, te encontrarás infundida de una energía dominante en nombre de tu hijo. Sin eso, vas a correr esta carrera con una desagradable piedra en el zapato. Puede que sea un zapato de cien dólares, pero la piedra hará que tu enfoque se centre en la herida cada vez más dolorosa de tu pie, en vez del tramo de camino que tienes por delante o en la belleza a tu alrededor. Es una elección simple: permite que la irritación permanezca hasta que te paralice, o échala y camina hacia el horizonte. Con toda la fuerza de tu determinación como viento a tu espalda, el momento de tu hijo llegará.

La cultura de la carrera, el ritmo récord, la velocidad máxima y la gratificación instantánea del siglo XXI no es la mano que dibujó a tu hijo. Él o ella te señala el camino menos transitado, el camino que el poeta Frost nos dice que es "igual de justo y que quizá tenga el mejor argumento." Quizás es el mejor argumento porque, al final de este libro, hemos cerrado el círculo volviendo al punto de partida: ni tú ni él saben aún cuál puede ser el alcance de este logro. No podemos ver el final del camino, no sólo porque está lleno de subidas inclinadas, charcos oscuros, bajadas y curvas intrincadas, sino porque no hay un final. Un pensamiento energizante y edificante, o uno ahogado y agotador: tú eliges. Henry Ford triunfó de manera espectacular porque buscó gente "que tuviera la infinita capacidad de no saber lo que no puede hacerse."

Quiero despedirme de ti con las sabias palabras de Joshua Liebman, de su libro *A Parent's Commandments*. Nuestra familia se comprometió con estas directrices en las ceremonias de bautizo que celebramos para nuestros dos hijos poco después de sus nacimientos, ocasiones alegres durante las cuales todo parecía posible para ellos. Nunca hubiéramos imaginado lo proféticas que serían estas palabras:

Dale a tu hijo amor incondicional, un amor que no dependa de boletines escolares, manos limpias o popularidad.

Dale a tu hijo la sensación de que lo aceptas de todo corazón, de que aceptas sus debilidades humanas, así como sus capacidades y virtudes.

Dale un sentido de la verdad; hazle consciente de sí mismo como ciudadano del universo en el que hay tanto obstáculos como logros.

Dale a tu hijo permiso para crecer y hacer su propia vida independiente de ti.

Estas son las leyes para honrar a tu hijo.

Por favor, únete a mí para hacer eso por tu hijo.

A lo largo de tu camino menos transitado, eso marcará la diferencia.

La suma de *Diez Cosas*: Tu Capacidad de Elección

A. Abrumada

B. Paralizada

C. Destrozada

D. Aterrorizada

E. Todas las anteriores

Tenemos miedo de tomar decisiones equivocadas. **Es como una interminable prueba de selección múltiple.**

Estas evocadoras palabras encarnan algunas de las primeras emociones que estallan en muchos padres de niños a los que les diagnostican autismo. Y no es de extrañar, pues nos enfrentamos al enorme volumen y peso de las decisiones a las que ahora nos enfrentamos y al desconcertante abanico de opciones dentro de cada decisión, sobre temas que no nos son familiares y que nos amilanan. A medida que pasa el tiempo, nos damos cuenta de que las exigencias de tener que tomar dichas decisiones no termina nunca. Nuestro hijo se desarrolla, madura, supera opciones y soluciones que funcionaron en su momento y se enfrenta a nuevos desafíos que exigen que busquemos o creemos nuevas posibilidades.

¿Consideramos que esas opciones nos empoderan o nos abruman? Raro es el padre de un niño autista que alguna vez no se haya sentido atado a un péndulo que llega a uno de sus vértices polares de demasiadas opciones o de ninguna. Esta desagradable dicotomía conduce a la misma necesidad: una forma de tomar decisiones en la cual nos sintamos confiados. Aunque intelectualmente sabemos que no existen padres perfectos y que los errores son inevitables, también podemos pensar que simplemente no podemos equivocarnos, que hay demasiado en juego. *Tenemos miedo de tomar decisiones equivocadas.*

Es como una interminable prueba de selección múltiple.

Después de guiar a nuestros dos hijos en el espectro hacia la edad adulta, me noto mareada intentando visualizar un número que se aproxime a las decisiones con las que me he enfrentado a lo largo de los años, las incalculables opciones que he llegado a considerar. ¿Cuántos ceros después de un uno, cuantos kilómetros de un rollo de papel se necesita para escribir un número así? Tomé esas decisión en un caleidoscopio de modos: algunas de forma instintiva, otras razonadas de forma cuidadosa, y otras por casualidad. Algunas con emoción, otras con tristeza. Algunas con los dientes apretados y otras con cautelosa esperanza. Algunas fueron brillantes desde todos los puntos de vista, situándose en lo más alto de lo que considero las mejores decisiones de mi vida.

Esta profusión de elecciones que debemos tomar pueden ser, de hecho, paralizantes. Cuando recién diagnosticaron a nuestro hijo, entramos en un mundo de terapias, tratamientos, intervenciones educativas, consideraciones de dietas y modificaciones en el hogar que podían parecer un bombardeo. Queríamos leerlo todo, hablar con todos, intentarlo todo. Queríamos ponernos al día de inmediato, sin ni siquiera saber qué velocidad era la correcta, o en qué dirección debíamos ir.

Recuerdo perfectamente la urgencia que sentí el primer año después del diagnóstico de autismo de Bryce, tratando de absorber todo los que necesitaba saber acerca de integración sensorial, procesamiento del lenguaje, ecolalia, desarrollo de motricidad fina, procesamiento social, planificación motora, dietas de eliminación y demás. Fui a guarderías, jardines de infancia y escuelas elementales para asistir a innumerables reuniones que llegué a considerar como "Los viejos siete contra uno", plegándome y doblándome en una pequeña silla para niños frente a un pelotón de profesionales que tenía cada uno una pieza del desarrollo de mi hijo (es decir, su futuro) en sus manos. Educador especial, profesor de educación general, terapeuta ocupacional, terapeuta del habla, especialista de educación física adaptada, psicólogo, especialista en autismo del distrito, cada uno de ellos aportó montones de gráficos, cifras, opiniones y observaciones específicas de sus conocimientos y habilidades.

¡Cuán agradecida estaba por la abundancia de todo lo que le ofrecían a mi hijo! Pero en lo más profundo de mis momentos de mayor agotamiento, pensé en lo mucho más sencillo que era para ellos centrarse sólo en un área en la que estaban altamente cualificados, durante un tiempo de apenas unas horas al día, y por un periodo de días al año. Yo, al otro lado de la diminuta mesa bajo la que me rascaba y arañaba mis rodillas y la confianza en mí misma, luchaba por ser instantáneamente competente y versada en las siete áreas (por no mencionar las que aún no conocía). Necesitaba ser capaz de hacer las preguntas que me permitieran evaluar mejor el panorama general de mi hijo, cada hora del día. Dentro de cada una de las aparentemente ilimitadas áreas en las que el autismo afectaba su desarrollo, tenía que ser capaz de identificar el rango más amplio de opciones abiertas a nosotros si quería tomar las mejores decisiones posibles. El TDAH de mi hijo mayor presentaba un conjunto de retos distintos, visto desde un conjunto de sillas diferentes y a través de un conjunto de actores diferentes, pero no exigía menos en cuanto a tomar decisiones convincentes.

A medida que mis hijos fueron creciendo, las pequeñas sillas fueron convirtiéndose en unas más grandes en la escuela primaria y secundaria, pero el ritmo y la amplitud de decisiones no disminuyeron. Y se tornaron más complejas a medida que se acercaban a la edad adulta y lo que estaba en juego era cada vez más importante. Mientras que antes tomaba todas las decisiones en su nombre, cada año que pasaba esa toma de decisiones se inclinaba un poco más hacia ellos. Cuanto más se acercaban a la madurez, más crítico se volvía el hecho de que fueran capaces de asumir una mayor parte de esa toma de decisiones, que aprendieran a verbalizar sus necesidades e identificaran las opciones. La capacidad de hacerlo y ser un autogestor eficaz determinaría su éxito o fracaso como adultos. No era suficiente que yo supiera cómo identificar y analizar las elecciones, tenía que enseñarles a mis hijos a hacerlo, en incrementos que pudieran ser manejables para ellos y de una forma que tuviera sentido para ellos.

¿Luchar o escapar? Algunos padres que se enfrentan (o huyen) a esta avalancha de opciones, buscarán la ruta de escape más próxima, y la encontrarán fácilmente. Pueden optar por permitir que otros tomen muchas de las decisiones necesarias sobre la educación y la salud de sus hijos. En ausencia de la opinión de los padres, el personal de la escuela tomará decisiones acerca de un niño basadas en muchos factores, algunos lo harán con un sincero esfuerzo de actuar en el mejor interés del niño, otros lo harán por conveniencia o rentabilidad como su principal motivación. Los padres pueden elegir aceptar sin cuestionar las recomendaciones de educadores, terapeutas y médicos, sin considerar si el consejo es individualizado para satisfacer las necesidades del niño o si son prácticas y trata-mientos generalizados ("así es como lo hacemos para todos los niños autistas").

Pero la mayoría de los padres y tutores que he conocido eligieron luchar en vez de huir. Tomaron la responsabilidad y el liderazgo de la toma de esas decisiones. Reconocieron que, en el cambiante abanico de profesionales en la vida de sus niños, la figura del padre/tutor permanece como una constante. Los profesores cambiaban cada año, los médicos y terapeutas también cambiaban y los cuidadores, consejeros y entrenadores vienen y van. Corresponde a los padres/ tutores actuar como central de información, para garantizar que el conocimiento y sabiduría acumulados y la suma de decisiones que hemos tomado para y sobre nuestro hijo, pasen firmemente a las manos de aquellos que jugarán papeles importantes en el siguiente capítulo de sus vidas y que modelarán la siguiente ronda de decisiones que debamos tomar. A menudo oigo la metáfora de que la crianza de los hijos autistas es una maratón, no un *sprint*. Yo misma usé esa metáfora durante años, hasta que llegué a verla tanto como una carrera de relevos de larga distancia como una maratón. Mi sobrino, que ha corrido en ambas, lo describe de esta forma:

En una maratón, entras en un ritmo cómodo y termina en unas horas. La noche anterior y la de la carrera, duermes en una buena cama. Eso contrasta con una carrera de relevos de 322 km, en la que los corredores consiguen dormir una hora en una furgoneta, en el suelo de un gimnasio o bajo un árbol en un parque. Se trata de horas de viaje con poco espacio para correr, luego horas de espera para adelantar a tus compañeros de equipo hasta el punto siguiente donde empiezas a correr.

Corres mucho más deprisa en una carrera de relevos que en una maratón. Debes correr en la oscuridad en caminos desconocidos y te iluminas sólo con una linterna en la cabeza. Algunos miembros del equipo discuten varias veces por dinero y por quién es el responsable de aportar quien sabe qué recursos. Algunos compañeros de equipo sólo piensan en sí mismos y definen su contribución sin tener en cuenta el efecto que eso tiene sobre los demás miembros del equipo. Durante la carrera, algunos desvíos imprevistos fuerza a algunos miembros a correr más lejos de lo planeado para completar la longitud del trayecto.

¿Te suena familiar? El trabajo de educar a un niño con autismo se parece más a correr una carrera de relevos que a una maratón. Somos el capitán del equipo, pero cada año le entregamos nuestro hijo a nuevos profesores, y a lo largo del camino pasamos el testigo a nuevos médicos y a nuevos cuidadores.

La dinámica del viaje, siempre en constante cambio, significa que esa elección, ese peso que oscila desde el punto de pivote del péndulo, puede pasar de sentirse capacitado a sentirse superado por innumerables e inacabables opciones. A veces no podemos ver ni el bosque ni los árboles.

"Yo no tuve elección."

Cuando oigo esta frase de la boca de los padres, suele estar teñida de desánimo, a menudo alimentado por la melancolía, el miedo y la rabia. Hice una búsqueda en Internet de esta frase y obtuve 23 millones de resultados. Eso es mucha angustia, desesperación y desolación. Puede abrumarnos hasta que alcanzamos situaciones coyunturales en las que sentimos que no tenemos más remedio que tomar medidas contra nuestras escuelas, dejar a nuestra pareja/

cónyuges, desvincularnos de la familia y recurrir a la medicación. O, simplemente, no tomamos ninguna medida porque creemos que no tenemos opciones. (No hacer nada es ya una elección, e incluso a veces puede ser una buena elección). La sensación de no tener elección puede ser tan inmovilizadora como tener demasiadas opciones. Y cuando busqué en Internet "siempre tengo opciones", obtuve sólo 62 000 resultados, una pequeña fracción de la población "sin opciones."

Cuando decimos que no tenemos elección, muchas veces lo que queremos decir realmente es que no tenemos opciones agradables. No hay **Rara vez ocurre que realmente no tengamos opciones.** opciones atractivas o seductoras, ni aceptables o prácticas. O que hemos agotado todas las opciones que pudimos identificar.

Pero las malas opciones no dejan de ser opciones. He aquí un ejemplo. Un dilema común y enigmático para los padres de niños autistas es el miembro o miembros de la familia que no comprenden —o eligen no hacerlo—el efecto que ejerce el autismo sobre el niño. A menudo expresan estridentes críticas de su comportamiento, se impacientan ante los problemas sensoriales, rehúsan modificar los métodos de comunicación o adaptarse y respetar las necesidades del niño. Un padre me puede decir: "Tenemos unos cuantos miembros en la familia que aplastan la autoestima de mi hijo cada vez que están a su alrededor. Mi única opción es apartarlos de nuestras vidas, tranquilamente." Puedo entender la elección de este padre, es justificable e incluso lógica. Pero ni de lejos es la única opción. También podría elegir:

- Enfrentarse a los miembros de la familia de forma agresiva. "Su negativa a aceptar cómo le afecta el autismo a Ben, le está haciendo daño, así que no vamos a permitir que tengan más contacto con él."

- Confrontar a los miembros de la familia de forma firme, pero ecuánime. "Estoy segura de que quieren a Ben, pero no creo que se den cuenta de que sus críticas constantes lo perjudican. Hasta que no puedan respetar cómo le afecta el autismo a Ben, lo mejor para él es que no esté cerca de ustedes."

- Continuar yendo a las reuniones familiares y confrontar cada ocasión por separado. "Es la segunda vez en quince minutos que criticas a Ben por algo que no puede controlar. Si vuelves a hacerlo, nos iremos inmediatamente."

- Adoptar un enfoque pasivo-agresivo, cortando todo contacto sin explicación o comunicación.

- Pedirle a un familiar comprensivo que intervenga con los miembros ofensivos.

- Pedir a los miembros de la familia que asistan a terapia familiar.

- Pedir a los miembros de la familia que acepten información acerca del autismo de Ben, por parte de un profesional, como su médico, profesor o terapeuta.

- Pedir a los miembros ofensivos de la familia que propongan una solución. "No puedo permitir que continúen menospreciando a Ben. ¿Qué medidas están dispuestos a tomar para cambiar las cosas?."

Con unas pocas reuniones creativas, la "única opción" se convierte en "muchas opciones." Rara vez ocurre que realmente no tengamos elección.

"Si limitas tus opciones sólo a lo que parece posible o razonable, te desconectas de lo que realmente quieres, y todo lo que queda es un compromiso", advierte el autor y compositor Robert Fritz. Nuestros temores a tomar decisiones equivocadas a menudo se ciernen sobre nosotros acechando con nubes de tormenta, amenazando con ahogar nuestro bienestar y dejarnos empapados de desesperación. Nos alejamos de toda la gama de opciones cuando estas no nos gustan y, en efecto, a veces será verdad que todas las opciones serán pésimas. Pero aprender a reconocer toda la gama de opciones disponibles en cada situación, construye nuestra confianza para saber que podemos tomar decisiones adecuadas, incluso a partir de una lista de opciones que nos obliga a ponerlas en duda.

Y esa capacidad de evaluar y elegir constantemente, nos da el control definitivo sobre nuestras vidas. Perdemos una gran parte de nuestro miedo a tomar decisiones equivocadas cuando nos damos cuenta de que las consecuencias de la mayoría de esas elecciones no son inalterables. Tomamos las mejores decisiones que podemos con los recursos de los que disponemos en el momento. El presente siempre está cambiando y también lo hacen muchas de nuestras elecciones. Por esa razón, podemos tener la seguridad de que, independientemente de lo difícil de la decisión del momento, *la forma como las cosas son hoy no tienen por qué ser igual mañana.*

¿Existe un pensamiento más inspirador que este?

El autismo y el TDAH de mis hijos les dotaron de cerebros que aprendían de forma distinta a los que llamamos niños típicos. En general, disfrutamos de relaciones productivas y amigables con nuestros colegios, pero casi siempre no coincidíamos en un tema: los exámenes. Me quejaba de que los exámenes estaban tan mal redactados que para mi hijo autista equivalían a un idioma extranjero. Los devolvía señalando lo lleno que estaban de oscuro vocabulario que superaba el nivel del grado, de datos confusos y distracciones irrelevantes. "Exponen todas las debilidades que tienen mis alumnos" se quejó un educador especial que estaba de acuerdo conmigo. "Examen" se convirtió en una mala palabra de seis letras en nuestra casa, era nuestro propio término incómodo personal.

Así que, ¿fue irónico o fue fortuito y redentor que lo que cristalizó mis pensamientos sobre el poder de la elección me llegara en forma de ... un folleto de preparación para un examen? Un buen día, durante el segundo año de universidad de Bryce, un profesor distribuyó una hoja de trucos y estrategias para aprobar un examen de selección múltiple. Le eché un vistazo e inmediatamente me di cuenta del paralelismo: ser padres de un hijo con autismo es como tener que aprobar un eterno examen de selección múltiple.

Al leer la guía de estudio de selección múltiple de mi hijo, me di cuenta de que la mayoría de las estrategias y habilidades para hacer los exámenes constituían una forma de vida para mí, procesos de pensamiento que había cultivado en el terreno de la odisea del desarrollo de mis hijos. Había desarrollado las herramientas para identificar una amplia variedad de opciones en cada situación, y la flexibilidad mental para saber que probablemente podía haber aún más opciones a considerar. Tener a mano los planes B, C y D se convirtió en mi segunda naturaleza y, por ende, casi nunca me quedaba atascada o desconcertada en situaciones desagradables o problemáticas.

Este es el poder de elección, el punto de fusión donde reconocer la diversidad total de oportunidades se une a la capacidad de elegir. Estas son las verdaderas herramientas de poder. Son simples y eternas, perpetuamente abundantes y gratuitas.

1. Conoce el material

Esto significa conocer a tu hijo y sus necesidades y preferencias específicas, de forma que puedas rechazar la opción "todos lo hacen de este modo." También significa conocer y respetar tu propia tolerancia al riesgo y el ritmo al cual procesas mejor la información cognitiva y emocional.

2. Enmarca las decisiones en una perspectiva global

Todo lo que hacemos, cada decisión a la que nos enfrentamos se produce dentro de un contexto no sólo del momento, sino de un panorama general. Aplicar la prueba de "¿esto importa?" puede reducir en gran medida la carga de decisiones que tomas, porque una asombrosa cantidad de veces la respuesta más honesta es no.

3. Identifica el problema

No te apresures a aplicar soluciones a un problema que quizá no exista. Por ejemplo, someter a un niño autista a una dieta restringida sin indicios concretos de que sea necesaria, puede servir sólo para reducir el número de alimentos que tu hijo encuentre aceptables sin otro beneficio particular.

4. Identifica la gama más amplia de opciones

Date cuenta de que, incluso cuando notas que ya has agotado las opciones, probablemente haya más. Busca la ayuda de otras personas en quien confíes para que te ayuden en una tormenta de ideas. Siempre que sea posible y apropiado, incluye a tu hijo en la discusión. La perspectiva de los niños, incluso de los más pequeños, puede ser acertada.

5. Aplica el sentido común

Se dice que el sentido común no es muy común hoy en día. No olvidemos que, como tantas otras habilidades de pensamiento crítico, el sentido común no es algo con lo que naces, sino que quizás aprendes a través de experiencias, propias y de los demás. Es la capacidad de comprender y tomar decisiones acertadas sobre asuntos prácticos grandes y pequeños, mediante una alquimia de observación, percepción, reflexión, evaluación y cognición. Está disponible en cantidades ilimitadas para cualquiera que quiera perfeccionarlo, y se convertirá en una de las herramientas más poderosas de tu baúl de toma de decisiones.

6. Replantea las opciones como preguntas de verdaderofalso

Hacer esto puede revelar tu respuesta. Por ejemplo: "La terapia XYZ siempre es útil en niños autistas" (o esta parecida: "La terapia XYZ es la mejor para niños autistas"). Replanteada sería algo como: Verdadero o falso: la terapia XYZ podría ser beneficiosa para mi hijo."

7. Cuidado con los absolutos

"Siempre" y "nunca" son extremos que casi nunca aplican. Basta una excepción para negar un "siempre" o un "nunca." Piensa de forma crítica.

8. Utiliza el proceso de eliminación

Mantén las opciones en su contexto. Las actividades, tratamientos o terapias que suponen una carga excesiva en el presupuesto familiar, los horarios, el espacio o la paciencia, no pueden sostenerse de forma realista. Evalúa de la forma más objetiva que puedas si el beneficio esperado de tales opciones es realista o vale la pena.

9. Haz conjeturas educadas

A veces tienes que "hacer el examen": tomar una decisión antes de terminar de estudiar. Reúne los recursos y la información que ya tienes y utiliza lo que has aprendido hasta el momento (las listas de pros y contras pueden ser útiles), teniendo en cuenta lo que sabes que son tus propias capacidades, fortalezas y limitaciones. Considera qué opciones reúnen los requisitos del sentido común.

10. Ignora los distractores

Eso incluye el alarmismo o las tácticas para asustar, los "estudios" e "investigaciones" de pequeñas muestras, la presión para participar en actividades o eventos de "todos lo hacen" y que son perjudiciales para tu hijo, las personas que desestiman o sabotean los objetivos que tienes para tu hijo, los dispositivos o tratamientos "imprescindibles" que te suenan como aceite de serpiente o a mercantilismo. Para minimizar los distractores, establece parámetros y céntrate en la tarea que tienes entre manos. Prioriza los objetivos y mantén organizado el material que necesitas para alcanzarlos. Aléjate de las personas y situaciones tóxicas.

11. "Busca al bicho raro"

La primera vez que vi esta frase me estremecí, porque no considero que mis hijos sean bichos raros. Pero darles una definición amplia proporciona la valiosa perspectiva de que la solución inusual que se ha pasado por alto o que no es factible para la mayoría de familias, puede ser justo la que mejor funciona para la tuya.

12. Ve a tu ritmo

Establece objetivos graduales y alcanzables, priorízalos para evitar una sobrecarga y que se sobrepongan unos a otros. Aprende cuándo debes escuchar más que hablar, cuándo y cómo decir que no y cuándo ir más despacio. Sé realista a la hora de establecer plazos; incorpora reguladores que asuman que todo tardará más de lo que crees.

13. Confía en tu intuición

El primer consejo de paternidad que recibí ha sido uno de los más duraderos. "Hay cien formas de hacer cualquier cosa que deban hacer los padres" me dijo nuestro primer pediatra. "Sólo treinta de ellas tendrán sentido para ti. Sólo diez serán algo que puedas considerar probar, y puede que intentes probar apenas tres de ellas. Si tienes suerte, una de ellas funcionará. Lo más importante es que confíes en tu intuición. Sabes más de lo que crees que sabes."

14. Entrega lo mejor de ti

Hace algunos años me aconsejaron que no les dijera a mis hijos: "Da lo mejor de ti" ya que " mejor" no se puede medir y, por lo tanto, les genera ansiedad. Para mí, eso era como si la cola fuera la que moviera al perro. Dar lo mejor de ti mismo, y enseñarles a tus hijos a hacer lo mismo significa conocerte y construir tu confianza para esforzarte de forma aceptable. Significa saber que dar lo mejor de ti no es un estado absoluto, que puede, quiere, y debería cambiar cada hora, con cada situación y cada año.

Así pues, estas son tus herramientas de poder. ¿Cuál es una de las mejores cosas acerca de estas habilidades? Que son transferibles. Una vez que las has aprendido, puedes hacer que tu hijo las adopte. Qué legado más valioso que dotarlo con la capacidad de evaluar cada oportunidad para alcanzar el mayor nivel de autosuficiencia posible, y disfrutar de la vida adulta productiva y con sentido a la que todos tenemos derecho.

Y quién sabe si durante el largo recorrido hacia la vida adulta, tu hijo pueda incluso utilizar estas habilidades para la vida para pasar también algunos de esos confusos exámenes de selección múltiple.

Continúa...

Poco después de graduarse en la universidad, Bryce adoptó un nuevo mantra. "Todos evolucionamos" era su comentario frecuente sobre los cambios que se producían en su propia vida y en la de aquellos que estaban en los círculos concéntricos que ondulan a su alrededor y lejos de él. Cuando tu hijo es pequeño y tiene muchos desafíos, imaginártelo como un adulto es algo muy difícil, pero llega demasiado pronto. Los mensajes simples de la infancia chocan con el brebaje socioemocional de la adolescencia. Y cuanto más crezca tu hijo, más tendrá que desenvolverse por sí mismo, y más importante será su capacidad de autodefensa. Su éxito como adulto dependerá de si es capaz de describir los aspectos de su autismo que impactan en su capacidad para aprender, comunicarse y socializar, ser capaz de pedir el tipo de ayuda que necesita y evaluar sus opciones en cualquier situación y elegir sabiamente.

Salvo una catástrofe impensable, tu hijo con autismo *se convertirá* en un adulto. Su responsabilidad en la toma de decisiones por sí mismo se disparará. A los ojos de la ley (según la ley americana), esto sucede en el momento en que el reloj dé las campanadas de medianoche del día de su decimoctavo cumpleaños. Muchos servicios desaparecerán y muchos derechos legales (y responsabilidades) serán suyos. Sin tu conocimiento, permiso o aprobación, tu hijo podrá votar, casarse, firmar un contrato o unirse al ejército. Estará sujeto a las leyes de los adultos y al cumplimiento de la ley, podrá comprar tabaco y pornografía, consentir o no a un tratamiento médico. Ya no podrás ni siquiera discutir sobre su salud con su médico sin su permiso por escrito. Eso no quiere decir que no podrás continuar jugando un papel significativo en la vida de tu hijo, aconsejarlo, guiarlo y brindarle apoyo, pero tu poder para controlar los acontecimientos de su vida disminuirá muchísimo.

Preparar a tu hijo para una vida adulta productiva y autosuficiente empieza el día que nace.

Preparar a tu hijo para una vida adulta productiva y autosuficiente empieza el día que nace. Debido a que la calidad de su futuro depende de cada uno de los días que le preceden, la pregunta del día, de cada día, es cómo llegará tu hijo a los dieciocho años ... ¿preparado (o al menos encaminado), o ingenuo, inexperto y mal preparado para tomar las decisiones que recaerán sobre él?

Si no somos capaces de ver a nuestro hijo como alguien intrínsecamente capaz e interesante, no importa la cantidad de educación o terapia que le aportemos.

El proceso de guiar a tu hijo con autismo hacia la vida adulta está plagado de sutilezas. Está influenciado no sólo por las elecciones deliberadas que tomes y las acciones que emprendes, sino también por las que no tomas, o las que tomas sin una cuidadosa consideración, por las cosas que dices o dejas de decir, las perspectivas que adoptas o las actitudes que proyectas, de forma consciente o involuntariamente.

Así que, antes de que tu hijo deje atrás su infancia, hay una cosa más que esta madre de un hijo adulto con autismo desea que sepas.

Tu hijo o alumno se convertirá en un reflejo de tu perspectiva y de la perspectiva de aquellos que le enseñan y lo guían, en una persona moldeada por las elecciones que tú tomas y por la eficacia con la que se le enseñe a tomar decisiones acertadas por sí mismo. "Tanto si piensas que puedes como si no, probablemente estés en lo cierto. Para tu hijo, y para ti, estas palabras de Henry Ford vuelven a ustedes una y otra vez como una simple verdad: es la elección, no el azar, lo que guía nuestra mano sobre el timón.

La perspectiva es una amalgama de actitud, intención, empatía e información, o la falta de todo ello. Y sea deliberada o inconscientemente, la perspectiva que te formes de tu hijo, de su autismo, de su futuro, y el papel que desempeñes en su vida, pondrá color a todo lo que digas y hagas, y creará el prisma a través del cual te presentarás tú y a tu hijo ante el mundo.

"Tu vida es lo que tus pensamientos hacen de ella", decía Marco Aurelio. Nosotros vamos a añadir que: la vida de tu hijo es lo que tus pensamientos hacen de ella. Las perspectivas desde las que observamos el autismo de un niño tienen un impacto significativo en su crecimiento, prosperidad y su felicidad, más que cualquier tratamiento, dieta o terapia. Si no somos capaces de ver a nuestro hijo autista como un miembro intrínsecamente capaz, interesante y valioso de la familia, el aula y la comunidad, no importa la cantidad de educación o terapia que le aportemos.

Nuestros hijos dependen de nosotros para crear en nosotros y en los demás una perspectiva que faculte en lugar de obstaculizar. *Nosotros elegimos.* "Sin sentimientos de respeto, ¿qué distingue a los hombres de los animales?" se preguntaba Confucio. Cualquier crecimiento que deseemos fomentar en nuestros hijos, y cualquier consideración hacia ellos que deseemos engendrar en otros, tiene que partir de una posición de respeto y de las elecciones y acciones que lo fortalezcan.

En una dulce anécdota que leí hace muchos años, una pareja americana viajó a Capri, y en un pequeño café posado en un imponente acantilado, conocieron a un hombre que decía hablar inglés. La pareja no entendió ni una sílaba del torrente de palabras que salían de la boca del hombre mientras los conducía hacia un balcón con una vista del humeante monte Vesubio y el resplandeciente golfo de Nápoles. Allí, hizo gestos para señalar aquella grandiosidad que quitaba la respiración y exclamó: *"Da panoram, ¡she is so very!."*

Puede que la dicción y la gramática fueran rudimentarias, pero la perspectiva y la intención del hombre eran meridianamente claras. Él quería que los visitantes de su país contemplaran todo lo que el ojo pudiera ver, pues cuanto más vieran, más querrían ver, más se maravillarían y más querrían quedarse y hacer más cosas. El autismo de tu hijo es algo así. Te invita a vivir desde la perspectiva de un pensador y buscador flexible, curioso, comprometido y siempre preguntándote, imaginando y haciendo todo lo que puedas por expandir las experiencias de la vida, para tu hijo, para la familia y, con el ejemplo, para otros que no están involucrados con el autismo. Sólo ampliando tu propia perspectiva puedes inspirar al niño para que haga lo mismo, para que se vea a sí mismo como mucho más que su autismo, para que pueda, abrace y viva la convicción de que el *panoram* que ofrece la vida puede ser muy grande.

Bryce estaba en la cocina unos meses después de su graduación, bebiendo zumo de naranja y poniendo capas de queso *cheddar* sobre un pan de masa madre. Con la claridad que a menudo se obtiene con el tiempo y la distancia, me dijo que había pasado sus años en la escuela superior tratando de definirse a sí mismo. ¿Cómo se adaptaría a un mundo que lo consideraba diferente y, al mismo tiempo se mantendría fiel a la visión que había cultivado con tanto esmero y que le gustaba?

Empecé a decir que era una delgada línea recorrida por muchos, pero debí haber sabido que él se me había adelantado. Su sonrisa, pequeña, pero que derretía el corazón, dejaba entrever una calmada y confortable confianza en sí mismo. Me dijo: "Sabía que no era "autista" y sabía que no era "normal", sea lo que sea que eso signifique, de modo que elegí algo distinto. Elegí ser optimista. Así es como me defino a mí mismo."

Preguntas para discutir
y de autorreflexión

Capítulo Uno

- Según tu experiencia, ¿el oír el término "autismo" suscita asociaciones de limitaciones o "menos que" entre el público en general, o entre otros padres, educadores o los medios de comunicación? Da varios ejemplos de nociones preconcebidas que tú u otras personas asocian con la palabra "autismo."

- La autora sugiere: "... lo que eliges creer acerca del autismo de tu hijo puede ser el factor más importante que influya en su resultado final." ¿Estás de acuerdo o en desacuerdo con esto? ¿Por qué?

Capítulo Dos

- ¿Por qué a lo largo del libro la autora sugiere que los temas sensoriales sean la primera consideración y la adaptación más importante que haga el niño con autismo o Asperger?

- Identifica tres escenarios o situaciones en las que la sobrecarga sensorial pueda hacer que tu hijo o alumno colapse o reaccione negativamente (huya, se desconecte).

- ¿Qué adaptaciones puedes hacer en casa o en el entorno escolar para aliviar las hipo e hipersensibilidades de tu hijo?

- Habla sobre las distintas formas en que las sensibilidades sensoriales de tu hijo afecten su capacidad de aprendizaje en grupo.

Capítulo Tres

- Después de leer este capítulo, describe formas específicas en las que tu percepción del comportamiento de tu hijo o alumno ha cambiado del "no quiere" al "no puede."

- ¿De qué forma tu propio comportamiento hacia tu hijo o alumno autista podría ser confuso, ilógico, negativo o de poco apoyo?

- ¿Cómo un padre o un profesor puede determinar si un niño en el espectro autista está siendo manipulador con su comportamiento o si realmente necesita ayuda para comprender la situación?

- ¿Qué estrategias has desarrollado para ayudarte a ti mismo a superar los momentos difíciles de forma que puedas ser un padre o profesor de "puedo hacerlo"?

Capítulo Cuatro

- Durante los próximos días, lleva un registro del uso de lenguaje impreciso, tanto tuyo como de tu familia. Reformula los modismos, metáforas, argot, juegos de palabras, etc., en lenguaje concreto. ¿Cómo esta toma de consciencia cambia la forma de comunicarte con tu hijo o alumno? ¿Cómo cambia su respuesta hacia ti?

- Analiza formas en las que puedas demostrar tanto de forma verbal como no verbal, que estás escuchando y oyendo lo que el niño intenta comunicar.

- Crea una breve lista de estrategias de comunicación que pudieras colgar en el aula o en casa para ayudar a los demás a comunicarse de forma más eficaz con tu hijo o estudiante.

Capítulo Cinco

- Discute las distintas percepciones que tiene la gente acerca de las capacidades de los niños con autismo que no hablan frente a los que sí lo hacen.

- Discute la diferencia entre hablar y comunicarse.

- Haz una lista de cinco comportamientos de comunicación no verbal que se utilizan frecuentemente durante una conversación. ¿Cuántos de estos comportamientos puede demostrar adecuadamente tu hijo o estudiante?

- ¿Las formas no verbales de comunicación están incluidas en el Programa de Educación Individualizada (IEP, por sus siglas en inglés) de tu hijo? Si no lo están, ¿por qué?

Capítulo Seis
- Identifica tres ayudas visuales de tu propia vida (calendario, libro de cocina, mapa, reloj, etc.). ¿Cuán eficaz podrías ser sin ellas?

- ¿Qué clase de ayudas visuales se utilizan en el aula de tu hijo o alumno? ¿En casa? ¿En otros lugares? ¿Qué nivel de enseñanza continua se le proporciona sobre cómo usar esa ayuda visual?

- Discute cómo las herramientas visuales ayudan y construyen la capacidad de un niño para realizar tareas de forma independiente e interactuar socialmente.

- ¿Consideras que el uso de ayudas visuales atrae una atención indeseada hacia el niño con autismo, presentándolo como si tuviera una discapacidad? Si es así, ¿qué clase de tecnología u otras opciones podrían utilizarse para garantizar el mismo nivel de ayuda visual?

Capítulo Siete

- Traza una línea vertical en el centro de una hoja de papel. Escribe el nombre de tu hijo o alumno en la parte superior. En la columna izquierda coloca el título "puede hacerlo" y la derecha titúlala "no puede hacerlo." Pon un cronómetro de cinco minutos y escribe una lista de cosas que el niño puede hacer en la parte izquierda. Vuelve a poner en marcha el cronómetro y completa la columna de la derecha. ¿Se te terminaron tus ideas antes de que el tiempo se agotara? Explica las razones del porqué. Utiliza este ejercicio para considerar lo fácil/difícil que fue completar un lado en comparación con el otro y lo que esto puede demostrar acerca de la perspectiva que tienes de tu hijo.

- ¿Cómo podrías canalizar las fortalezas de tu hijo o alumno hacia oportunidades de aprendizaje, diversión o socialización?

- ¿Puedes identificar el principal estilo de aprendizaje de tu hijo o alumno?

- Discute o reflexiona sobre los comentarios más frecuentes que has oído de los negativistas acerca de lo que un niño con autismo "nunca hará." ¿Cuántas de estas consideras que son ciertas sobre tu propio hijo o alumno?

Capítulo Ocho

- Discute qué significa tener "buenas habilidades sociales."

- ¿Por qué no es suficiente enseñar habilidades sociales de memoria?

- ¿Hasta qué punto asumes que los niños con autismo o Asperger aprenderán habilidades sociales estando cerca y viendo lo que hacen otros niños? ¿Cómo impacta esta presunción en la forma de enseñar el aprendizaje social?

- Discute la diferencia entre enseñar habilidades sociales y educar para tener aptitud social.

- Haz una lista de las distintas habilidades sociales necesarias para desenvolverse con éxito en un entorno de grupo. Discute hasta qué punto tu hijo o alumno tienes esas habilidades y si puede usarlas en encuentros sociales en tiempo real.

- Identifica varias formas en las que las habilidades sociales difieran de:

  - una cultura a otra
  - un grupo a otro (casa, escuela, iglesia, parque, visitas a otra casa)
  - una relación a otra (familiar, compañero de clase, profesor, desconocidos)

- Cuando enseñas una habilidad social, ¿hasta qué punto también enseñas por qué esta es importante para el propio niño y para los demás, y cómo les hace sentir, reaccionar y responder a los demás? Si lo haces de forma poco frecuente, discute las posibles razones y cómo cambiar eso.

Capítulo Nueve

- ¿Has intentado aplastar un comportamiento en particular de tu hijo o alumno sin identificar o abordar su origen? ¿Cuál fue el resultado?

- Describe un comportamiento tuyo que quieras cambiar. ¿Qué necesidades satisface? ¿Has intentado eliminar este comportamiento? ¿Qué intentaste? ¿Qué tal te funcionó? Compáralo con tus esfuerzos por cambiar un comportamiento de tu hijo o alumno.

- ¿Cómo los factores físicos y fisiológicos podrían disparar el comportamiento de tu hijo o estudiante? ¿Qué medidas podrías tomar para averiguarlo?

- ¿Cómo los factores emocionales podrían disparar el comportamiento de tu hijo o alumno? ¿Qué medidas podrías tomar para averiguarlo?

- ¿Qué normas se imponen en el hogar o en el aula en relación

193

con el trato respetuoso de unos con otros? ¿Hay normas distintas para adultos y niños? ¿Por qué?

- ¿Qué importancia tiene modelar el comportamiento que quieres de tu hijo o alumno?

Capítulo Diez

- ¿Qué significa "amor incondicional" para ti?

- ¿Eres capaz de amar a tu hijo o alumno de forma incondicional? ¿Crees que eso es necesario o deseable? ¿Por qué o por qué no?

- ¿Ves o has visto alguna vez el autismo de tu hijo como una tragedia? ¿Tu manera de pensar ha cambiado con el tiempo? ¿Cómo? ¿Por qué o por qué no?

- ¿Cómo demuestras la aceptación de las diferencias dentro tu propia familia?

- La autora sugiere que "no hay un final del camino" cuando se trata de un niño con autismo. ¿Cómo te hace sentir esta idea?

La suma de *Diez cosas*: tu poder de elección

- ¿Hasta qué punto el temor a equivocarte afecta tu toma de decisiones?

- ¿En qué áreas de tu vida permites, consciente o inconscientemente, que otros (profesores, terapeutas, miembros de la familia, etc.) tomen decisiones sobre la salud, educación y bienestar de tu hijo autista? Identifica un área que te gustaría cambiar, y haz una tormenta de ideas para encontrar dos formas en las que podrías llevar a cabo este cambio.

- Describe una situación con tu hijo en la que sentiste que no tenías opciones. Después de leer este capítulo, ¿puedes describir otras opciones que pudiste haber tenido, pero de las que no te diste cuenta en ese momento?

- ¿Cuáles de las catorce estrategias (herramientas de poder) que ofrece la autora para tomar decisiones te parecen más adecuadas para ti? ¿Cuál te pareció más difícil? ¿Por qué?

Preguntas de seguimiento

- Antes de leer este libro, ¿qué expectativas tenías para tu hijo o alumno con autismo? ¿Algo de lo que leíste en este libro cambió tus expectativas? ¿Cómo? ¿Algo reforzó los pensamientos que ya tenías?

- Antes de leer este libro ¿qué creencias tenías del autismo en general? ¿Algo de este libro cambió esas creencias? ¿Cómo? ¿Algo reforzó los pensamientos que ya tenías?

- Si tuvieras que darle este libro a un amigo o colega, ¿qué puntos querrías transmitirle más?

- ¿Será diferente la vida de tu hijo o alumno como resultado de haber leído este libro? ¿Lo será la tuya?

Agradecimientos

Esta es la sexta vez que Veronica Zysk y yo hemos colaborado en un libro y, si el universo me sonríe, no será la última. Sin ella, que reconocía la fecundidad de las ideas que tenía en mi cabeza y las sacaba adelante, ninguno de estos libros habría visto la luz, ninguna de las conexiones que hemos forjado con familias y profesionales de todo el mundo habrían dado lugar a las conversaciones que tenemos hoy. Ella continúa siendo mi musa y mi alma gemela. En libros pasados, se me acabaron los superlativos para describir lo que su trabajo y su solidaridad representaban para mí, para mi trabajo y, en última instancia, para ustedes, queridos lectores.

Quiero dar las gracias a Jennifer Gilpin y a toda la gente de Future Horizons, que hacen que mis libros no sólo sean posibles, sino también que tengan éxito. Quiero dar las gracias también a mi agente, Judy Klein, la fuerza que ha hecho posible que docenas de traducciones de *Diez cosas* lleguen a familias de todo el mundo.

A mi marido Mark que siempre ha apoyado incondicionalmente mi trabajo, un regalo más allá de toda medida que ningún escritor debería dar por sentado.

Sin mis hijos, desde luego, no existiría ningún libro. Connor y Bryce, siempre han sido la encarnación encantadora y consumada de las palabras de uno de mis autores favoritos, Mark Twain: "Mi madre tuvo muchos problemas conmigo, ¡pero creo que ella lo disfruto mucho!"

Acerca de la autora

Ellen Notbohm es una autora de renombre internacional, su trabajo ha informado, inspirado y deleitado a millones de lectores en más de veinte idiomas. Además de sus cuatro libros sobre el autismo, perennemente populares y galardonados, y de su novela *The River by Starlight* que ha ganado múltiples premios, sus artículos y *posts* sobre diversos temas como historia, genealogía, béisbol, escritura y asuntos comunitarios, han aparecido en importantes publicaciones y han cautivado audiencias de todo el mundo.

Web: ellennotbohm.com
Facebook: Ellen Notbohm, Autora
Instagram: Ellen Notbohm
X: @EllenNotbohm
LinkedIn: Ellen Notbohm
Pinterest: Ellen Notbohm

También por la autora

14 Signos del Autismo

1. Puede evitar el contacto visual.
2. Puede preferir estar solo.
3. Repite palabras o frases una y otra vez (ecolalia).
4. Dificultad para interactuar con los demás.
5. Gira objetos o uno mismo.
6. Insistencia en la igualdad.
7. Anexos inapropiados a objetos.
8. Risas inapropiadas o risitas.
9. Puede que no quiera caricias.
10. Dificultad para expresar necesidades; puede usar gestos.
11. Respuestas inapropiadas o no responde al sonido.
12. No siente temor ante peligros reales.
13. Insensibilidad aparente al dolor.
14. Juego sostenido, inusual o repetitivo; habilidades físicas o verbales desiguales.